Cynthia Bourgeault

Mystische Hoffnung

Mystische Hoffnung

Im Vertrauen auf die Barmherzigkeit Gottes

Aus dem Englischen
von Helga Jacobsen und
Robert Cathomas

Chalice Verlag

Die Originalausgabe erschien
2001 bei Cowley Publications, Cambridge, MA
unter dem Titel *Mystical Hope: Trusting in the Mercy of God*

Das Schlusskapitel »Fragen und Antworten«
ist die Transkription eines Interviews zum Abschluss
des Online-Kurses "Mystical Hope Today"
vom Frühjahr 2023 auf dem Webportal
www.spiritualityandpractice.com

Deutsche Erstausgabe

Translated from the English language edition of *Mystical Hope*
by Cynthia Bourgeault, originally published by Cowley Publications,
an imprint of the Rowman & LittleWeld Publishing Group, Inc.

Buchgestaltung: Robert Cathomas
Herstellung: BoD – Books on Demand GmbH
Printed in Germany

ISBN 978-3-942914-64-2

Inhalt

CYNTHIA BOURGEAULT

Zum Buchcover: »Wenn du diesen schwierigen Weg – Hoffnung in die Welt zu tragen – wirklich gehen willst, solltest du zuhause zwei Symbolfiguren besitzen: eine (wenn möglich nicht allzu dramatische oder hysterische) Darstellung der Pietà, also der Mutter Gottes, die den Leichnam ihres Sohnes auf dem Schoß hält, nachdem er vom Kreuz genommen wurde, und eine Darstellung der Sphinx. In beiden dieser Symbole ist eine ganz besondere Qualität zu erkennen, die man vielleicht als »objektive Dämpfung« bezeichnen könnte und die dein Herz nicht verhärtet, sondern es zum Fundament der Erde bringt. Was hierbei so wichtig ist, ist dieses Mitleid oder Erbarmen (*la pitié,* wie die Franzosen sagen), dieses Mitgefühl mit dem Zustand der Menschheit, mit der universalen Traurigkeit, mit dem, was im Herzen einer Mutter hervorgerufen wird, deren Sohn von einem blutrünstigen Mob derart unfassbar unbarmherzig aufgeknüpft wurde – und es auszuhalten« (siehe Seiten 102–103).

Wir erwachen im Leib Christi,
so wie Christus unsere Körper erweckt,
und meine ärmliche Hand ist Christus. Er tritt ein
in meinen Fuß und ist unendlich ich.

Ich bewege meine Hand, und wunderbarerweise
wird meine Hand zu Christus, wird alles von ihm
(denn Gott ist unteilbar ganz
und makellos in Seiner Gottheit).

Ich bewege meinen Fuß, und all sogleich
erscheint er im Strahl eines Blitzes.
Klingen meine Worte blasphemisch? –
Dann öffne ihm dein Herz

und lasse es zu, den einen zu empfangen,
der sich dir so tief öffnet.
Denn wenn wir ihn aufrichtig lieben,
erwachen wir im Leib Christi,

wo unser ganzer Körper einfach überall,
in jedem noch so verborgenen Teil,
in Freude verwirklicht ist in ihm.
Und er macht uns ganz und gar wirklich.

Und alles, was verletzt ist, alles,
was uns so dunkel, grob, beschämend erschien,
verstümmelt, hässlich und unwiederbringlich
beschädigt, ist in ihm verwandelt

und als Ganzes erkannt, liebenswürdig
und strahlend in seinem Licht.
Wir erwachen als die Geliebten
in jedem letzten Teil unseres Körpers.[1]

Symeon der Neue Theologe
949–1022

1. Symeon the New Theologian: "We Awaken in Christ's Body" in Stephen Mitchell [Hrsg.]: *The Enlightened Heart: An Anthology of Sacred Poetry,* New York: HarperCollins, 1993, Seite 38.

1
Die Reise zu den Quellen

Worauf du nicht zu hoffen wagst – das gibt Er dir.

Frère Roger
Gemeinschaft von Taizé

In diesem kurzen Buch möchte ich Sie auf eine Reise einladen. Es ist eine Reise, die in Verzweiflung und Hoffnungslosigkeit ihren Anfang nehmen mag. Vielleicht ist jemand gestorben, der Ihnen sehr nahestand. Vielleicht haben Sie einen Job, eine Familie, Ihren Geliebten oder Ihre Geliebte verloren. Oder Sie wurden ungerechterweise übergangen, beleidigt – sogar betrogen. Möglicherweise leben Sie unter der schweren Wolke einer Depression, die sich einfach nicht lichten will, oder leiden an einer Abhängigkeit, die Sie in ihren Klauen hält. Ihr Leben scheint ein einziger Abwärtsstrudel zu sein und Sie sehen keine Möglichkeit, sich diesem Sog zu entziehen. Keine Hoffnung nirgendwo.

Aber Sie ahnen, dass Hoffnung Ihnen helfen könnte, Ihr Leben zu meistern. Hoffnung könnte Ihnen neue Kraft verleihen, das Leben wieder möglich machen. Vielleicht brauchen Sie lediglich die Zuversicht, dass sich die momentane Situation verändern wird, dass es besser werden wird, oder möglicherweise – noch einfacher – bloß eine etwas andere Einstellung, eine neue Betrachtungsweise. Was immer es jedoch sein mag, Sie sind sich sicher, dass Hoffnung die fehlende Ingredienz ist. Und Sie wollen sie finden.

Auch falls Ihre Situation nicht derart verzweifelt ist, falls die Höhen und Tiefen Ihres Lebens einfach aus dem rauen Seegang des Alltags bestehen, fragen Sie sich vielleicht, ob diese Achterbahnfahrt eigentlich nötig ist. Müssen wir denn wirklich unaufhörlich zwischen Freude und Leid, zwischen Erwartung und Enttäuschung hin- und hergeschleudert werden? Ist es nicht möglich, von einem Ort größeren Gleichgewichts her zu leben, in einer tieferen und gleichmäßigeren Strömung?

Die gute Nachricht lautet: Diese tiefere Strömung existiert tatsächlich und wir *können* sie finden. Wie – das hoffe ich, Ihnen in diesem Buch zeigen zu können. Doch gleich beim Aufbruch zu dieser Reise muss ich Sie warnen, dass wir nicht den einfachsten Weg einschlagen werden. Es finden sich mehr als genug Bücher auf dem Markt, die Sie mit unverbindlichen Spielereien, psychologischen Tricks, tröstlichen Plattitüden und schnellen Ratschlägen versorgen können. Für mich jedoch ist die Reise zur Quelle der Hoffnung letzten Endes eine *theologische* Reise: den Berg hinauf und wieder hinunter zum Ursprung der Hoffnung im Quellgebiet des christlichen Mysteriums. Die Reise zum Urquell der Hoffnung wird Ihr Leben nicht auf die Schnelle und in seinen Äußerlichkeiten verändern. Vielmehr wird diese Reise Ihre innerste Sichtweise verwandeln. Von dort aus werden sich die Äußerlichkeiten unausweichlich neu ordnen.

In unserer üblichen Betrachtungsweise der Dinge ist Hoffnung an ein Ergebnis gebunden. Wir verstehen Hoffnung als ein optimistisches Gefühl – oder zumindest als eine Bereitschaft durchzuhalten oder weiterzumachen –, weil wir davon ausgehen, dass sich in der Zukunft etwas zum Positiven hin entwickeln wird.

»Ich hoffe, ich bekomme den Job.« »Ich hoffe, der Buchvertrag kommt zustande.« Solche Dinge rede ich mir ein und verliere mich in Gedanken entlang der Kette von Ereignissen, die durch dieses erhoffte Ergebnis ausgelöst werden mögen. In der dunkleren Variante könnten die Gedanken lauten: »Lieber Gott, lass es kein Krebs sein«, während ich auf den Befund der Biopsie warte. Ich sitze also beklommenen Herzens da, das ganze Geflecht aus Freude und Trauer hängt in der Schwebe und ich bin abhängig von Ereignissen, auf die ich keinerlei Einfluss habe. Und falls – Gott bewahre! – keine Aussicht auf Heilung besteht, nur auf Sterben und Tod, sprechen wir von einer »hoffnungslosen« Situation.

Dieser gängigen Art von Hoffnung begegnen wir in der Bibel auf Schritt und Tritt. Fast ließe sich sagen, die Bibel sei die Geschichte von einem wundersamen Eingreifen Gottes nach dem anderen zur Veränderung der Ergebnisse und zur Schöpfung von Hoffnung, wann immer die Dinge ziemlich aussichtslos erschienen. Diese Art von Hoffnung hegen die Israeliten am Roten Meer in ihrer Zwickmühle, bis das Meer sich teilt und den Weg auf geheimnisvolle Weise freigibt. Wir finden sie an vielen Stellen in den Psalmen: »Ich liebe den Herrn; denn Er hört meine Stimme, mein Flehen um Gnade. [...] Ich war schwach und Er hat mich gerettet« (116.1–5), um nur eines von rund hundert Beispielen zu zitieren. Sie folgt Jesus wie ein langes Kielwasser, wenn Menschen zur Heilung und zum Neuanfang zu ihm hinströmen. Für das Verständnis der Frohen Botschaft Christi ist die Hoffnung für Paulus derart zentral, dass er sie, zusammen mit dem Glauben und der Liebe, zu den drei größten theologischen Tugenden zählt.

Aber was bedeutet dies für unser eigenes Leben, wenn der Befund der Biopsie »bösartig« lautet, wenn wir trotz unserer inständigen Gebete nicht gesund werden, wenn kein wundersames Eingreifen geschieht? Die Situation fühlt sich nicht nur weiterhin vollkommen hoffnungslos an, schlimmer noch (wenn überhaupt möglich): Es hat sogar den Anschein, als habe Gott uns verlassen, als habe unsere Religion uns im Stich gelassen.

Ohne bereits allzu tief in dieses quälende Rätsel einzutauchen, möchte ich hier doch darauf hinweisen, dass in der Bibel auch von einer Art Hoffnung gesprochen wird, die das vollständige Gegenstück unserer gewohnten Sichtweise der Dinge ausdrückt. Unterhalb der beschwingt-optimistischen

Hoffnung, die das Meer teilt und Kaninchen aus dem Hut hervorzaubert, verläuft als deren stiller, ja sogar ironischer Kontrapunkt jene andere Hoffnung.

Wir begegnen ihr beispielsweise am Ende des Buches Habakuk, wo der Prophet in der Schlussfolgerung einer langen Litanei über das Jüngste Gericht plötzlich, scheinbar wie aus dem Nichts, ausruft:

> Zwar blüht der Feigenbaum nicht,
> an den Reben ist nichts zu ernten,
> der Ölbaum bringt keinen Ertrag,
> die Kornfelder tragen keine Frucht;
> im Pferch sind keine Schafe,
> im Stall steht kein Rind mehr.
> Ich aber will jubeln über den Herrn
> und mich freuen über Gott, meinen Retter.
> Gott, der Herr, ist meine Kraft.
> Er macht meine Füße schnell wie die Füße der Hirsche
> und lässt mich schreiten auf den Höhen.
>
> (Habakuk 3.17–19)

Das nenne ich mal eine Wendung! Die Sachlage könnte schlimmer nicht sein: keine Ernte, keine Schafe und nichts zu essen – in diesem Ödland so ziemlich eine Verurteilung zum Hungertod. Und doch reagiert Habakuk voller Freude und Kraft. Nicht nur, dass er feierlich erklärt, an seinem Glauben festzuhalten, sein Bekenntnis klingt noch nicht einmal wie eine trübselige, stoische Durchhalteparole. Stattdessen spricht der Prophet mit einer Leichtigkeit, die ihn trotz der Hoffnungslosigkeit seiner Situation zu überschwemmen scheint. Sein Gang ist geschmeidig »wie die Füße des Hirsches« und sein Weg führt nach oben, hinauf zu den Höhen. In den Worten des schönen Buchtitels von Milan Kundera scheint es, als spräche er aus einer »unerträglichen Leichtigkeit des Seins«.

Auch Jesus spielt auf diese andere Art von Hoffnung an in jenem starken Dialog mit der Samariterin, von dem im vierten Kapitel des Johannesevangeliums berichtet wird: Es ist ein heißer Tag und Jesus macht an einem Brunnen Rast, wo er eine Frau um Wasser bittet. Das Gespräch zwischen ihnen entwickelt sich immer intensiver und tiefgründiger, als er plötzlich verkündet: »Wer von diesem Wasser trinkt, wird wieder Durst bekommen; wer aber von dem Wasser trinkt, das ich ihm geben werde, wird niemals mehr Durst haben; vielmehr wird das Wasser, das ich ihm gebe, in ihm zu einer Quelle werden, deren Wasser ins ewige Leben fließt« (Joh 4.13–14). Was für eine Art Wasser könnte die immerwährende Quelle ihres eigenen Hervorquellens sein?

Der bei Weitem überzeugendste Intensivkurs in dieser anderen Schule der Hoffnung findet sich indes im Buch Hiob, das unter der Oberfläche seiner volkstümlichen Rahmenerzählung vielleicht die unerbittlichste Pilgerreise zu den Quellen der Hoffnung in der gesamten westlichen Literatur schildert. Unter den Bedingungen einer mythischen kosmischen Wette zwischen Gott und Satan nimmt Hiobs Schicksal plötzlich eine verheerende Wendung. Alles wird ihm genommen: Er verliert seine Kinder, seine Besitztümer und letztlich sogar seine Gesundheit. Und als wäre dies nicht schon genug, sind es seine Freunde, die, gekommen, um ihm Trost zu spenden, auch noch das Bisschen, was ihm geblieben ist, systematisch zerstören: sein Vertrauen in ein zusammenhängendes Universum und in seine eigene Schuldlosigkeit.

Umso seltsamer, dass Hiobs Glaube und Hoffnung im Laufe der Geschichte immer stärker zu werden scheinen. Weit entfernt davon zu zerbrechen, entwickeln sie ein Eigenleben. Während die Agonie seiner Qualen zum schlichten Lauf der Dinge verkommt und sogar sein Bedürfnis nach Schuldzuweisung und dem Verständnis der Zusammenhänge nachlässt, scheinen ihm die aufrichtige Sehnsucht nach Gottes Antlitz und eine lyrische Gewissheit, dass sein Retter lebt, Flügel zu verleihen. In einer der außergewöhnlichsten jemals verfassten Passagen sitzt Hiob ausgelaugt inmitten des Trümmerhaufens, der einst sein Leben war, und singt:

> Doch ich, ich weiß: Mein Erlöser lebt,
> als Letzter erhebt Er Sich über dem Staub.
> Und nachdem meine Haut so zerschunden wurde,
> werde ich Gott schauen in meinem Fleisch.
>
> (Hiob, 19.25–26)[2]

An keiner anderen Stelle in der ganzen Literatur findet sich solch eine triumphale Rede über die mystische Hoffnung.

Sicherlich hängt Hiobs Hoffnung nicht an einem bestimmten Ausgang, nachdem sein Leben gescheitert ist und sogar Gott Sich gegen ihn verschworen zu haben scheint. Und doch singt es in seiner Seele immer lauter, so als sei das Singen selbst die Hoffnung, als habe es dieses Lied schon vor der Gründung der Welt gegeben.

Die Merkmale mystischer Hoffnung

Die genauere Betrachtung dieser drei biblischen Vignetten lässt uns folgende Aussagen treffen über diese andere Art von Hoffnung, die wir *mystische Hoffnung* nennen wollen und die gänzlich andere Merkmale aufweist als unsere gängige Vorstellung von Hoffnung:

1. Mystische Hoffnung ist nicht an ein gutes Ergebnis geknüpft, nicht an die Zukunft gebunden. Vielmehr führt sie ein Eigenleben und scheint keinen Bezug zu äußeren Umständen und Bedingungen zu haben.

2. Vers 26 nach der zweiten Variante in der Zürcher Bibel.

2. Mystische Hoffnung steht in einem Zusammenhang mit *Präsenz*, also nicht mit einem positiven Resultat von etwas Zukünftigem, sondern mit der direkten Erfahrung der Gegenwart von oder der Gemeinschaft mit etwas in unmittelbarer Reichweite Liegendem.

3. Mystische Hoffnung trägt in uns Früchte auf der psychologischen Ebene in den Empfindungen von Stärke, Freude und Zufriedenheit: in einer »unerträglichen Leichtigkeit des Seins«. Doch mysteriöserweise scheint sie diese Gaben nicht von der Erfüllung äußerer Erwartungen abzuleiten, sondern vielmehr aus dem Inneren hervorzubringen.

Erfahrungen wie diese finden wir nicht nur in der biblischen Welt oder bei besonderen Menschen, die wir als »Heilige« bezeichnen. Sie werden genauso von modernen Menschen gemacht und geschehen mitten im Alltagsleben – und das weitaus häufiger, als wir es normalerweise zur Kenntnis nehmen. »Überrascht von Freude«, so beschrieb C.S. Lewis diese Augenblicke. Ganz ähnlich erlebte eine Freundin von mir, Rosalind, einen derartigen Moment, der ihr vor einigen Wintern auf einer belebten Straße in Victoria, British Columbia, zuteilwurde:

> Es war ein typischer Tag im Januar, trüb und kalt. Ich fuhr in meinem Auto die Blanshard Street hinunter, und während ich mit einem Ohr dem Psychologen im Radio zuhörte, dachte ich gleichzeitig über eine problematische Situation nach. Es musste eine Entscheidung getroffen werden, aber ein Teil von mir war noch immer in Zweifeln und Selbsterforschung verstrickt. Nachdem ich mein Leben lang die Rolle der ausgleichenden Friedensstifterin gespielt hatte, musste ich nun bezüglich einer Situation, in der eine Freundschaft auf dem Spiel

> stand, einen harten Entschluss fassen. Tief in meinem Innersten bat ich Gott um Führung. Der Himmel begann sich aufzuhellen und damit heiterte sich auch meine Stimmung auf. Was dann geschah, überraschte mich völlig. Wogen der Glückseligkeit strömten durch mich hindurch. Ich fuhr auf einen Parkplatz, um meine Tochter aussteigen zu lassen. Die Aussicht, eine halbe Stunde warten zu müssen, versetzte mich nicht wie sonst üblich in einen Zustand der Ungeduld. Eine Präsenz, eine wunderbare Gegenwärtigkeit, hatte mein Sein erfasst, und alles, was ich zu tun vermochte, war, bewegungslos dazusitzen und mich ihrer Verlockung hinzugeben. Die Gebäude um mich herum, die noch kahlen, gerade erst knospenden Bäume und die Passanten erschienen in einem neuen Glanz. Die ganze Begebenheit schien aufgeladen mit einem Licht, das von innen wie von außen her leuchtete, doch seinen Ursprung im Jenseits hatte.

Aus dieser Erfahrung Rosalinds können wir unserer Liste der Merkmale mystischer Hoffnung vielleicht eine weitere Eigenschaft hinzufügen. In gewissem Sinn ist sie *atemporal* – das heißt außerzeitlich. Aus irgendeinem Grund zieht uns eine solche Erfahrung aus dem linearen Ablauf von Stunden und Tagen hinaus (»Die Aussicht, eine halbe Stunde warten zu müssen, versetzte mich nicht wie sonst üblich in einen Zustand der Ungeduld«) und erfüllt den Moment, in dem wir uns gerade befinden, mit einer unverhofften Lebendigkeit und Fülle, so als würden wir für die Dauer dieser Erfahrung in ein breiteres Präsenzfeld transportiert, in eine direkte Begegnung mit dem Sein als solchem. Der Dichter T. S. Eliot spricht von einem Erfassen des Punktes, »wo die Zeit das Zeitlose kreuzt«.[3] Die Momente mystischer Hoffnung gehen

3. T. S. Eliot: "The Dry Salvages" in *The Complete Poems and Plays*, New York: Harcourt, Brace, and World, 1952, Seite 136.

häufig einher mit einem Hereinströmen dieser zeitlosen und expansiven Qualität, das die geordnete Linearität unseres Lebens auflöst und in die Unmittelbarkeit des Jetzt schwemmt.

Das spirituelle Leben kann nur im gegenwärtigen Augenblick gelebt werden, im Jetzt. Alle großen religiösen Traditionen bestehen auf dieser ebenso einfachen wie schwer zu verstehenden Wahrheit. Wenn wir in die Zukunft hineinhasten oder in die Vergangenheit zurückweichen, verpassen wir die Hand Gottes, die uns ausschließlich im Jetzt berühren kann. Meine liebste Gedächtnisstütze dazu stammt vom zeitgenössischen Sufi-Meister Kabir Helminski: »Wer alle Sorgen zu einer einzigen macht, zur Sorge darum, gegenwärtig zu sein, wird durch diese Präsenz, die die schöpferische Kraft ist, von allen Sorgen befreit.«[4] Diese Augenblicke mystischer Hoffnung erinnern uns indirekt, aber zur Gänze an diese Präsenz und verbinden uns mit ihr.

Der Hoffnungskörper

Diejenigen von Ihnen, die mein Buch *Stärker als der Tod ist die Liebe* gelesen haben,[5] wissen von meinem persönlichen Eintauchen in die Wirklichkeit dieser mystischen Hoffnung. Vor einiger Zeit lebte ich fünf Jahre lang in der Nähe von Bruder Raphael Robin, einem Einsiedlermönch des Benediktinerklosters in Snowmass, Colorado, und arbeitete eng mit ihm zusammen. Gegen Ende seines Lebens wurde unsere Freundschaft noch intensiver, als Rafe, wie wir ihn alle nannten, in einem Moment des konzentrierten Gebets die Eingebung erhielt, unserer Partnerschaft sei es bestimmt, »von hier bis zur Ewigkeit« zu dauern. Er verstand unsere Bezie-

4. Kabir Helminski: *Living Presence: A Sufi Way to Mindfulness and the Essential Self,* New York: Jeremy Tarcher, 1992, Seite 26.

5. Cynthia Bourgeault: *Stärker als der Tod ist die Liebe,* Xanten: Chalice Verlag, 2021.

hung als eine, die durch die Mauern des Todes hindurchspringen würde, und so verbrachte er die meiste unserer noch verbleibenden gemeinsamen menschlichen Zeit damit, mir zu helfen, mich darauf vorzubereiten.

Als Rafe 1995 zu Beginn der Adventszeit an einem Herzinfarkt gestorben war, brachte der Bestatter seinen Körper von seiner Eremitenklause hinunter ins Haupthaus, sodass er vor der Beisetzungsmesse zur Totenwache in der Klosterkapelle aufgebahrt werden konnte. Ich verbrachte dort die ganze Nacht bei ihm. Nachdem der letzte der Mönche die Totenwache gegen 23 Uhr beendet hatte, blieb ich mit ihm allein. Es war eine Erfahrung intensivster Gemeinschaft zwischen uns, während der die Wirklichkeit unserer Partnerschaft, so wie Rafe sie intuitiv gespürt hatte, langsam in jede Faser meines Wesens einsickerte. Eine der aufwühlendsten unter den vielen mystischen Gnaden jener Nacht wurde mir in den frühen Morgenstunden zuteil, als ich von einer inneren Stimme, die ganz eindeutig diejenige von Rafe war, die folgenden Worte vernahm: »Ich werde dich treffen... im Hoffnungskörper.«

Der Hoffnungskörper. Was für ein seltsamer, rätselhafter Begriff! Weder er noch ich hatte in unseren physischen Leben je diesen Ausdruck verwendet. Und doch waren diese Worte unmissverständlich, und ich vermutete, dass ich ihre Bedeutung, falls ich in Aufmerksamkeit abwartete, eines Tages verstehen würde.

Und das tat ich. Keine sechs Wochen später spazierte ich an dem Ort vorüber, der während der fünf Jahre, in denen ich mit Rafe zusammengearbeitet hatte, mein temporäres Zuhause gewesen war – ein nahegelegenes, altes Farmhaus, etwas heruntergekommen, aber dennoch bestens bewohnbar und wundervoll funky –, und musste feststellen, dass dieser Ort von einem neuen Mieter in eine chaotische Baustelle verwandelt worden war. Noch ganz frisch und sehr empfindlich in meinem Trauerprozess war ich nicht darauf vorbereitet, all das, was Rafe mit seinen eigenen Händen an diesem Haus in Stand gesetzt hatte, und all die dort noch verbliebenen Andenken an unsere gemeinsame Zeit ohne viel Federlesens draußen auf einen schneeverwehten Müllhaufen hingeworfen zu sehen.

Da der neue Mieter seine Abrissarbeiten für jenen Tag offenbar eingestellt hatte und gegangen war, nahm ich auf der verschneiten Terrasse des alten Hauses Platz und brach in Tränen aus. Alles erschien mir hoffnungslos. Rafe war von mir gegangen, mein Leben, wie ich es gelebt hatte, gab es nicht mehr und nun wurden auch noch die Erinnerungen daran in Stücke gerissen.

Und dann geschah etwas ganz Außerordentliches: Zitternd vor Kälte und meinem Elend hingegeben, saß ich dort und spürte plötzlich, wie eine seltsame, prickelnde Leichtigkeit und Freude von meinen Zehen aus in meinem Wesen aufstieg – wie Champagner, der in ein leeres Glas gefüllt wird. Es war kein Stimmungswechsel, sondern ein eindeutig körperlich wahrnehmbares Gefühl. Da war ein Sprudeln in mir, das zuvor nicht dagewesen war, eine Art von Aufladung mit Energie, so leicht und schwungvoll, dass ich sie, auch wenn ich gewollt hätte, nicht wieder absenken konnte. Wie Habakuk fühlte ich mich plötzlich »auf die Höhen« gehoben, und bald schon begannen auch meine Füße zu tanzen.

In der äußeren Welt hatte sich nichts verändert. Das alte Farmhaus lag noch immer auf dem Hackblock, das beim Abriss Zerstörte war ein für alle Mal verloren und keine Macht der Welt würde Rafe in seinen physischen Körper zurückbringen. Aber für die wenigen Minuten, die diese Erfahrung dauerte, hatte nichts davon irgendeine Bedeutung. Ich stand über all diesen Dingen und mein Sein entsprang einem weitaus tiefgründigeren Ort.

Gnade?

Aber wäre es nicht einfacher, diese Erfahrungen als Augenblicke der Gnade zu betrachten? Denn genau das sind sie, nicht wahr? Zeiten, in denen Gott unser Leben mit Seinen Wohltaten berührt und uns aus dem Zentrum Seiner eigenen unerschöpflichen Fülle erneuert.

Nun, das stimmt sicherlich. Gnade und mystische Hoffnung sind fast Synonyme, und ihre sichtbaren Wirkungen sind im Grunde genommen identisch. Ein Mensch unter dem Zauber von Gnade und ein Mensch, der sich mit dem Fluss mystischer Hoffnung verbindet, zeigen dieselben Eigenschaften von Freude und Dankbarkeit sowie eine Leichtigkeit und Fülle des Seins auch angesichts offenkundiger Rückschläge und Niederlagen. Nach außen hin sind sie Doppelgänger und sogar im Inneren, so glaube ich zumindest, sind sie, was ihre Erfahrungen angeht, auf derselben Wellenlänge.

Doch weil Wörter ihre spezifischen Konnotationen besitzen, mache ich diese Unterscheidung zwischen Gnade und Hoffnung. Jahrhundertelang ging mit einer »Gnaden«-Erfahrung, wie sie Rosalind an jenem Nachmittag in ihrem Auto erlebte, die Begleitvorstellung von etwas Außergewöhnlichem und Untypischem einher: einer Infusion göttlichen Beistands in unser Leben als einem besonderen Gottesgeschenk, das nach Seinem eigenen zeitlichen Plan und Ermessen vergeben wird. Solch eine Vorstellung ist konsistent mit dem traditionellen Standpunkt, bei dem es immer prioritär darum ging, die unabhängige Freiheit Gottes und Seine Rolle als dem einzigen Urheber zu bekräftigen. Der Gebrauch des Begriffs »Gnade« sperrt uns wieder in jene traditionellen Kategorien zurück und lässt uns an der Unterscheidung vorbeischlittern, die ich hier genauer beleuchten möchte.

Denn in der Überbetonung dieser göttlichen Freiheit ist es nur allzu leicht, Hoffnung unterzubewerten und zu übersehen, dass sie keine außergewöhnliche Infusion ist, *sondern ein Erwartungszustand des Seins.* Wir verlieren die Einladung – und als Verwalter der Schöpfung in Tat und Wahrheit sogar unsere *Verantwortung* – aus dem Blick, eine bewusste und dauerhafte Verbindung zu dieser Urquelle aufzubauen. Wir versäumen den Ruf, ein Gefäß zu werden oder ein Kelch, in den diese göttliche Energie sich ergießen kann, eine Lampe, durch die sie leuchten kann.

Was aber, wenn wir dazu *bestimmt* sind, dieses Gefäß, dieser Hoffnungskörper zu werden? Was, wenn dieses Überschäumen, diese Energie der »Leichtigkeit des Seins« der Brennstoff ist, der unser menschliches Leben zu seiner göttlichen Erfüllung treibt? Was, wenn unser Beharren darauf, es als seltenes und außergewöhnliches Phänomen zu behandeln, nichts anderes wäre, als der Einladung auszuweichen, die an jenem glühenden Mittag am samaritischen Brunnen ausgesprochen und für immer gültig verkündet wurde?

Tatsächlich ist die Reise zur Quelle, zum Geheimnis Jesu, dem Meister aus Galiläa, die große innere Reise, zu der wir Christen aufgerufen sind. Doch wie der keltische Mönch Sankt Brendan auf seiner Seereise können wir nur dann ans Ziel gelangen, wenn wir lernen, auf eine neue Art und Weise zu denken und zu schauen.

Gemäß der mittelalterlichen Legende *Navigatio Sancti Brendani* bricht Brendan auf, um nach dem verheißenen Land der Heiligen zu suchen. Doch sieben Jahre lang verfehlt er es und segelt nur im Kreis. Um fündig zu werden, muss etwas in seinem Inneren eine Umkehr vollziehen. Als Brendan aufhört, nach Landfall und Zielorten Ausschau zu halten, öffnet sich ihm ein inneres Auge, das die leuchtende Fülle des verheißenen Landes der Heiligen immer und überall unter der bewegten Oberfläche des Kommens, Gehens, Strebens und Ankommens zu schauen vermag. Ohne Umwege unseren Weg zu finden zu dieser visionären Welt, zur Fülle im Herzen von allem, so wie es Rosalind an einem trüben Januartag in Victoria getan hat – darin besteht die Reise zu den Quellen der mystischen Hoffnung. Was ist mit Ihnen: Sind Sie bereit aufzubrechen?

2

In der Barmherzigkeit leben

Denn so weit die Himmel über die Erde und die Zeit hinausreichen,
so schwimmen wir in Seiner Barmherzigkeit wie in einem endlosen Meer.

(Psalm 103.11)[6]

Bevor wir mit der Vorstellung zu arbeiten beginnen, dass die Hoffnung bereits in uns wohnt und nicht erst von außen kommt, müssen wir ein Bild davon haben, wo und wie sie in uns ihre Stätte hat, also was in unserem Inneren diese Hoffnung aufzunehmen vermag. Ganz offensichtlich haben wir es hier mit einem Paradox zu tun, einem Nadelöhr, durch das es sich durchzuwinden gilt. Wir selbst sind nicht die *Quelle* dieser Hoffnung; wir erzeugen sie nicht. Doch die Quelle wohnt tief in uns und strömt uns mit einer verschwenderischen Fülle zu, und zwar in einem solchen Maße, dass es richtiger wäre, zu sagen, dass wir in *ihr* wohnen.

Ich muss an die Geschichte denken, in welcher der kleine Fisch panisch auf seine Mutter zuschwimmt und ruft: »Mama, Mama, was ist Wasser? Ich muss Wasser finden oder ich sterbe.« Wir leben eingetaucht in dieses Wasser, und der Grund, warum wir es nicht bemerken, ist nicht etwa der, dass es so weit entfernt von uns ist, sondern, paradoxerweise, so überaus nah: uns vertrauter als unser Wesen selbst.

Der Begriff, mit dem ich diese umfassende Fülle zu beschreiben versuche, lautet »Barmherzigkeit«. Sie ist das Wasser, in dem wir schwimmen. Barmherzigkeit ist Länge und

6. Nach der Übersetzung von LYNN C. BAUMANN [Hrsg.]: *Ancient Songs Sung Anew,* Telephone, Texas: Praxis, 2000, Seite 258.

Breite, Höhe und Tiefe dessen, was wir von Gott wissen – und das Licht, in dem wir es erfahren können. Es ließe sich sogar vom Sein Gottes sprechen, insoweit wir es möglicherweise in diesem Leben zu ergreifen vermögen, sodass es unmöglich wäre, Gott auerhalb der Dimension der Barmherzigkeit zu begegnen.

Vielleicht stutzen Sie bei diesem Wort. Der Begriff »Barmherzigkeit« hat heutzutage – wie so viele andere überlieferte Wörter in unserer spirituellen Tradition – einen negativen Beiklang. Er scheint sowohl Macht als auch etwas Gönnerhaftes anzudeuten, eine Beziehung zwischen zwei äußerst ungleichen Parteien. Und tatsächlich gab der spirituelle Begleiter einer meiner Freundinnen ihr den Ratschlag, nicht das Jesusgebet zu beten – »Herr Jesus Christus, erbarme dich meiner«, der tragende Pfeiler der orthodoxen kontemplativen Spiritualität des Ostens –, da es »mittelalterliche Stereotypen des Paternalismus und der Machtlosigkeit« untermauern würde. Dieser spirituelle Begleiter meinte also, modernen Menschen sagen zu müssen, dass sie selbst verehrungswürdig seien, »dass sie eigenständig vor Gott stehen könnten.«

Doch das Wort »Barmherzigkeit« ist in unserem judäisch-christlich spirituellen Erbe tiefgründig bezeugt. Das Jesusgebet wurde nicht bloß während zweier Jahrtausende christlicher Praxis als heilig verehrt, die spirituellen Meister unseres Weges bezeichneten es auch als *das* kraftvollste Gebet, das ein Christ zu beten imstande ist; wir kommen der Barmherzigkeit ganz einfach nicht davon, ohne nicht auch der Bibel zu entsagen. Mit jeder Drehung der Welt begegnen wir ihr als einer lebendigen Wirklichkeit unseres Glaubens. Im Alten Testament treffen wir sie überall an, ganz besonders bei den Propheten und in den Psalmen. Lassen Sie uns zunächst folgende Stellen anschauen:

> Denn an Barmherzigkeit[7] habe Ich Gefallen, nicht an Schlachtopfern (Hosea 6.6).

> Und was der Herr von dir erwartet: Nichts anderes als dies: Recht tun, Barmherzigkeit[7] lieben und achtsam mitgehen mit deinem Gott (Micha, 6.8).
>
> Der dein Leben vor dem Untergang rettet und dich mit Barmherzigkeit[7] und Erbarmen krönt (Psalm 103.4).
>
> Er gedachte Seiner Barmherzigkeit[7] und Seiner Treue zum Haus Israel (Psalm 98.3).
>
> Ewig währt Seine Barmherzigkeit[7] (Psalm 100.4, 107.1, 136.1).

Auch wenn im Neuen Testament die Häufigkeit der Hinweise auf die Barmherzigkeit abnimmt, ist es mit dem Bewusstsein für sie ganz anders bestellt – pointiert belegt dies die Parabel Jesu über den Pharisäer und den Steuereintreiber, die, sogar vor dem Hintergrund unserer heutigen Wertvorstellungen, für den eben erwähnten spirituellen Begleiter und seine Herabwürdigung des Jesusgebets vermutlich einen Stolperstein darstellen dürfte.

In der islamischen Tradition, die aus denselben semitischen Wurzeln hervorwuchs, ist »Barmherzigkeit« der erste Name Gottes und das islamische Gebet beginnt immer mit der Anrufung *«bismi 'Llāhi 'r-Raḥmāni 'r-Raḥīm»* (»Im Namen Gottes, des Allerbarmherzigsten, des Allergnädigsten«). Man beginnt zu ahnen, dass diesem Begriff der »Barmherzigkeit« ein Ehrenplatz gebührt, der in den modernen Übersetzungen verlorengegangen ist.

7. In den englischen Bibelversionen zumeist als *mercy* übersetzt, basierend auf den Septuaginta-Begriffen *ἔλεος* beziehungsweise *ἐλέει* [Anmerkung der Übersetzer].

Eine glühende, fesselnde Liebe

In ihrem erstaunlichen Buch *Old Age* gibt Helen Luke einen Hinweis, der ein Schlüssel zum Rätsel sein könnte und auf den sie – ausgerechnet – im *American Heritage Dictionary* stieß. Das Wort *mercy,* so erklärt sie, stammt vom alten etruskischen Wort *merc* ab; die Worte *commerce* (Handel) und *merchant* (Händler) haben dieselbe Wurzel. Demnach meint »Barmherzigkeit« im Kern eine Art Austausch oder Wechselbeziehung. Es ist ein Wort, das *Verbindung* impliziert. Helen Luke arbeitet diese irgendwie überraschende linguistische Verwandtschaft weiter aus und erklärt:

> Wie so manche anderen in unserer Sprache versteckten Bedeutungen hat das Wort *commerce,* als »Kommerzialismus« entwertet, viel von seiner Würde eingebüßt. [...] Doch die ursprüngliche Bedeutung von »Austausch« bestand und entwickelte sich in einem anderen Kontext und vertiefte seine Bedeutung durch das französische Wort *merci* zur dankerfüllten Antwort und Güte des Herzens und schließlich zu Mitgefühl und Vergebung, einschließlich all unseren Schattierungen von Dunkelheit, wodurch wir alle fähig sind, uns selbst der Barmherzigkeit zu öffnen. Dies ist der ultimative »Austausch«, der uns, wenn wir beim finalen Loslassen angekommen sind, vielleicht das Ganze offenbart.[8]

Wir sind alle »von der Barmherzigkeit«, spürt Luke (und dass ich diesen Begriff präferiere, ist auf sie zurückzuführen). Insofern wir fähig sind, unsere Herzen für sie zu öffnen und uns ihr anzuvertrauen, ist die Barmherzigkeit fähig, uns stetig in Richtung dieses finalen Loslassens voranzubringen, in das

8. Helen Luke: *Old Age,* New York: Parabola Books, 1987, Seite 84.

Ganze, das Luke an einer anderen Stelle ihres Buches mittels eines eindrucksvollen Bildes beschreibt: »das Verweben der Lebensfäden zu einem unberührten Leichenhemd.«[9] Für Luke ist Barmherzigkeit in erster Linie der große Weber, der die zerstreuten und zerrissenen Stränge unserer Leben aufsammelt und in einen Teppich göttlicher Liebe zusammenknüpft.

In seinem wundervollen Essay "The Good Samaritan" denkt Thomas Merton in einer ähnlichen Tonart. Er verweist darauf, dass das englische Wort *mercy* (Latein: *misericordia*) in der semitischen Übersetzung ursprünglich *ḥeseḍ* lautete, was eigentlich »eine wilde, fesselnde Liebe« bedeutet – wie die zwischen sich gegenseitig verschriebenen Liebenden. Es geht nicht um Mitleid, sondern um Leidenschaft. Merton schreibt: »*Ḥeseḍ* [Barmherzigkeit] bedeutet Treue, sie ist auch Stärke. Sie ist ultimativ und unfehlbar, denn sie ist die Kraft, die eine Person an eine andere bindet in einem Bund der Herzen.«[10] So tief ist diese Verbindung, erkennt Merton, dass sogar die Stimmungen von Gottes Zorn zu kommen und zu gehen scheinen wie die über das Gesicht der Sonne ziehenden Wolken; die Barmherzigkeit selbst – die Sonne – ist unveränderbar, fundamental und stabil, denn: »Es ist die Liebe, mit der Er Seine Auserwählten sucht und auswählt und sie an Sich bindet.«[11]

Wenn wir also an Barmherzigkeit denken, sollten wir uns zuallererst eine Bindung vorstellen, eine unfehlbare Verbindung der Liebe, welche die erschaffenen und die unerschaffenen Reiche zusammenhält. Die Barmherzigkeit Gottes ist nichts, was kommt und geht, dem einen Menschen gewährt, dem anderen verwehrt wird. Warum? Weil sie bedingungslos ist – sie ist immer da und liegt allem zugrunde. Sie

9. Ebenda, Seite 8.

10. THOMAS MERTON: *A Merton Reader*, herausgegeben von Thomas P. McDonnell, New York: Image Books, 1989, Seite 351.

11. Ebenda, Seite 353.

ist buchstäblich die Kraft, die alles am Leben erhält, das Gravitationsfeld, in dem wir leben, uns bewegen und sind. So wie der kleine Fisch, der verzweifelt nach Wasser sucht, »schwimmen wir in Seiner Barmherzigkeit wie in einem endlosen Meer« (Psalm 103.11).[12] Barmherzigkeit ist Gottes innerstes Sein, das sich nach außen wendet, um die sichtbare und die unsichtbare Welt in unverbrüchlicher Liebe aufrechtzuerhalten.

Vielleicht braucht es eine Weile, bis wir auf diese Art und Weise darüber denken können. Unsere traditionellen theologischen Modelle legen uns eher nahe, Gott als »dort oben« und uns selbst als »hier unten« zu verorten – Gott als eine uns gänzlich unbekannte und von uns verschiedene »Substanz«, von der wir zwar stammen, allerdings als eine sehr entfernte Reflexion. Doch da die Sprache der modernen Quantenphysik in zunehmendem Maße in die grundlegenden Metaphern der Theologie vordringt und es uns ermöglicht, etwas freier zu denken, zum Beispiel hinsichtlich »der Konservierung von Energie«, beginnen wir zu erkennen, wie Gott und Schöpfung tatsächlich in einem energetischen Kontinuum existieren. Wenn wir heute doch wissen, dass Materie eigentlich »kondensierte« Energie ist (zum Beispiel Energie in einer dichteren und sich langsamer bewegenden Form), wäre es dann wirklich ein zu weiter Sprung, wenn wir sagten, dass Energie, so wie wir sie erleben – als Bewegung, Kraft, Licht –, eine »Kondensierung« des göttlichen Willens und Ziels ist? Anders ausgedrückt: Energie ist etwas, was geschieht, wenn göttliches Sein sich nach außen hin ausdrückt.

Meine Tochter Lucy stieß recht absichtslos auf diese Einsicht, als sie im zarten Alter von drei eines Morgens in mein Schlafzimmer kam und ein selbsterfundenes Lied sang: »Ich singe dir ein Lied von Gott in Seinem Himmel, wo Jahre zu Tischen und Bäume zu Liebe werden…«

12. Siehe Fußnote 6, Seite 23.

Jahre, die zu Tischen werden: Die zarte und dennoch spürbare Energie von Zeit, in unserem Leben erfahrbar als die Kohärenz von Mustern und das Gewicht von Jahren, verwandelte sich in ihrer kindlichen Vorstellung mit einem Mal in etwas Unmittelbares und Massives: in einen Tisch. Und im selben Atemzug dieses Gedankens »verflüchtigte« sich etwas, das genauso unmittelbar und massiv ist: Bäume wurden zur sanfteren, doch noch immer spürbaren Energie der Liebe. Derselbe Gott: unterschiedliche Frequenzen, unterschiedliche äußere Manifestationen. Einstein hätte daran seinen Spaß gehabt.

Und auch dem Evangelisten Johannes hätte es gefallen. Lucys Erkenntnis findet ganz gewiss ihr Echo in den ersten Zeilen des Johannesevangeliums: »Im Anfang war das Wort und das Wort war bei Gott und das Wort war Gott. Dieses war im Anfang bei Gott. Alles ist durch das Wort geworden und ohne es wurde nichts, was geworden ist« (Joh 1.1–3).

Wenn wir den Begriff »Wort« in der ursprünglichen Bedeutung von *Vibration* verstehen – als das Aussprechen des göttlichen Willens und Ziels –, dann ist »das Wort« das, was die Fülle des göttlichen Ziels manifestiert, da es sich nach außen in die Form hineinbewegt. Ein »energetisches« Verständnis des Evangeliumtextes kann uns dabei helfen, die beharrliche mystische Intuition zu verstehen, die so viel im Neuen Testament untermauert: nämlich dass Jesus Christus als die menschliche Inkarnation des göttlichen Wortes (oder *Logos*) das allem zugrundeliegende ordnende Prinzip des Kosmos ist, »in dem alle Dinge zusammengehalten werden.«

Barbara Brown Taylor, die bekannte episkopale Predigerin und Schriftstellerin, hat die inhaltsschweren theologischen Implikationen dieser Entwicklungen in der gegenwärtigen Physik erfasst, wenn sie von der »radikalen Umkehr« ihrer Vorstellung von Gott spricht, die ihr durch ihre intensive Auseinandersetzung mit der Quantenphysik zuteilgeworden ist:

> Wo befindet sich Gott in diesem Bild? Gott ist überall. Gott ist dort oben, hier unten, in meiner Haut und außerhalb. Gott ist das Netz, die Energie, der Raum, das Licht – nicht auf eine Art darin gefangen, so als ob irgendeines dieser Konzepte wirklicher wäre als das, was sie verbindet, sondern offenbart in diesem einzigen, riesigen Beziehungsnetz, das alles Lebendige beseelt.[13]

Ausgehend von dieser bemerkenswerten Erkenntnis gelangt sie weiter zu einer noch erstaunlicheren Schlussfolgerung:

> An diesem Punkt meines Denkens reicht es mir nicht aus zu sagen, dass Gott diese ganze Einheit verantwortet. Stattdessen will ich erklären, dass Gott die Einheit *ist* – genau die Energie, genau die Intelligenz und Leidenschaft, die alles vorantreibt.[14]

Auch wenn der Punkt, den sie hier darlegt, bloß eine Nuancierung zu sein scheint, ist er für mich von entscheidender Bedeutung. In anderen Worten (um die Implikationen ihrer Erkenntnis in meinen eigenen Begriffen auszudrücken): Unser sichtbares, erschaffenes Universum ist nicht einfach ein Objekt, erschaffen von einem von uns ganz verschiedenen Gott, um Seine Liebe zu manifestieren, sondern *diese Liebe selbst* – das Herz Gottes, in Gänze zum Ausdruck gebracht in den Dimensionen von Zeit und Form. Die Schöpfung geschieht nicht »irgendwo anders«. Es fließt ein Fluss durch sie hindurch. Dieser Fluss ist Gott.

13. Barbara Brown Taylor: *The Luminous Web: Essays on Science and Religion,* Cambridge, MA: Cowley Publications, 2000, Seite 74.

14. Ebenda.

15. Zu Jakob Böhme und seiner Vorstellung der heiligen Stofflichkeit siehe Cynthia Bourgeault: *Die Heilige Dreifaltigkeit und das Gesetz*

Das heilige Element

Wenn wir in diesen Begriffen sprechen, bedienen wir uns der klassischen Sprache der Mystiker, der Sprache des visionären Ausdrucks. Auch Jakob Böhme, der deutsche Visionär aus dem siebzehnten Jahrhundert (ein einfacher Schuhmacher, dessen voluminösen kosmologischen Abhandlungen ihren Ursprung in einer Viertelstunde intensivster Erleuchtung hatten), gebrauchte das Wort »Barmherzigkeit«. Böhme verstand es als eine Art heiliges Element, als die ursprüngliche Energie, aus der alles andere in der sichtbaren Welt erschaffen wurde. Die Barmherzigkeit ist »heilige Stofflichkeit« – die innerste Essenz des Seins als solche, der »Fluss Gottes«, der wie Saft durch den Lebensbaum fließt.[15]

Damit wir diese Erkenntnis nicht als ein Umherschweifen eines Gott-trunkenen mittelalterlichen Mystikers geringschätzen, können wir uns der wirklich erstaunlich identischen Erkenntnis zuwenden, von der ein heutiger und in hohem Maße vernünftiger Psychotherapeut berichtet: Gerald May, Mitbegründer des Shalem Institute for Spiritual Direction in Bethesda, Maryland. In einem aufrüttelnden Kapitel seines Buchs *Will and Spirit* bekräftigt May von einem klinischen Standpunkt aus, dass, wenn erst einmal die verschiedenen Differenzierungen und Akzente von Emotionen von unserem subjektiv gefühlten Leben abgestreift sind, eine Ursprungsenergie im Rohzustand verbleibt, die letztendlich nichts anderes als die göttliche Liebe bedeutet. »Als ob die Agape [göttliche Liebe] das Ausgangsmetall sei, nicht reduzierbar und unverfälscht«, schreibt er. »Das Universum läuft mit einer Energie, die in ihrem Innersten bedingungslos liebt.«[16]

der Drei: Der Schlüssel zum Geheimnis des Christentums, Xanten: Chalice Verlag, 2020, Seiten 183 ff.

16. Gerald May: *Will and Spirit,* San Francisco: Harper and Row, 1982, Seite 172.

Mays Vision von Agape kommt Böhmes (und meiner eigenen) Vorstellung von Barmherzigkeit sehr nahe. Weit entfernt von Mitleid oder Herablassung ist Barmherzigkeit der in der Schöpfung widerhallende Herzschlag Gottes, die Wärme, die durch alle Dinge hindurch pulsiert, das göttliche Geheimnis, das hinausströmt in die erschaffene Form.

Barmherzigkeit und Hoffnung

Falls Sie meiner Erklärung bis hierhin folgen konnten, und sei es auch nur insofern, dass Sie vielleicht Ihre ersten Zweifel aufgegeben haben, werden Sie sich plötzlich in einem ganz anderen Universum wiederfinden als dem, an das wir uns in diesen letzten Zeiten der Post-Aufklärung gewöhnt haben. Anstatt in einem »Präzisionsuhrwerk« zu leben, das entsprechend unnachgiebigen wissenschaftlichen Prinzipien eines abwesenden Gutsherren-Gottes funktioniert – oder, noch trostloser, in einem völlig zufälligen Universum, in dem das einzige Gesetz dasjenige des Dschungels ist –, erwachen Sie in einer warmherzigen und absichtsvollen Intelligenz, einer Kohärenz, von deren Ausdruck Sie ein Teil sind.

Das ist die Welt der Barmherzigkeit. Und sie ist tatsächlich die Welt des alten und immerwährenden religiösen Bewusstseins, für die die Quantenphysik lediglich der neueste Lieferant einer Weisheit ist, die zu früheren Zeiten durch visionäre Imagination bereitgestellt wurde. Die griechischen patristischen Väter, denen diese Wirklichkeit bestens vertraut war, nannten sie »das intelligible Universum«, von welchem unser eigenes »spürbares Universum« ein Querschnitt durch Raum und Zeit ist. Der moderne Sufi-Meister Kabir Helminski spricht von diesem inneren, zeugenden und erhaltenden Universum als »dem elektromagnetischen Feld der Liebe«.[17]

17. Kabir Helminski: *Living Presence: A Sufi Way to Mindfulness and the Essential Self*, New York: Jeremy Tarcher, 1992, Seite 118.

Nun war es dieses intelligible Universum, das mein eigener Lehrer Rafe gegen Ende seines Lebens kennenlernte und betrat und von dem ich glaube, dass er es meinte, wenn er so hartnäckig vom »Hoffnungs*körper*« sprach. Unsere anhaltende gemeinsame Reise jenseits seines physischen Todes war nicht einfach eine Frage sporadischer mystischer Besuche, scheinbar den Naturgesetzen zuwiderlaufend, sondern entfaltete sich in einem kohärenten Feld, das seinen eigenen Gesetzen höherer Kausalität folgte. Dieses Feld ist wie ein »leuchtendes Netz« (wie Barbara Brown Taylor es nennt), das die Aufgabe hat, alles zu verbinden und miteinander zu verweben, und in dem alle Knotenenden in einem riesigen Teppich göttlicher Liebe zusammenkommen. Diesen zu sehen, ist, wie plötzlich fähig zu sein, die Liebe selbst zu erkennen, das Muster in den zufälligen Punkten des Universums.

Mir ist klar, dass die Aussage, dieser Hoffnungskörper sei eigentlich ein Energiefeld, vielleicht für diejenigen Leser verwirrend sein könnte, die einen Körper als eine feste, korpuskulare Sache verstehen. Doch auch Praktizierende der asiatischen Meditation sowie Quantenphysiker teilen diese Ansicht und stellen sich den äußeren oder physischen Körper als von feineren, energetischeren Körpern – um es genau zu sagen: vom ätherischen, vom astralen und vom kausalen Körper – durchdrungen vor. Wobei der kausale Körper stark dem entspricht, was die griechischen patristischen Väter »intelligibel« nannten. Darüber hinaus sprachen unzählige Mystiker, östliche wie westliche, über die Erfahrung, durch Zustände des *samadhi* (des tiefen kontemplativen Gebets) ihrem Körper exakt auf die Art und Weise begegnet zu sein, wie Barbara Brown Taylor es beschreibt: als ein leuchtendes Netz. Sowohl in der Sprache der Quantenphysik als auch der Mystik der Philosophia perennis ist »Körper« lediglich ein anderes Wort für ein organisiertes Energiefeld, ungeachtet seiner physikalischen Dichte.

Doch existiert er tatsächlich, dieser Hoffnungskörper? Für den Moment möchte ich Sie einfach bitten, Ihre Zweifel freiwillig noch etwas zurückzustellen. Falls wir zeigen könnten, dass unser Leben wirklich mit einer innersten Essenz großer Tiefgründigkeit und Kraft verbunden ist und dass der Zugang zu ihr durch das Innerste unseres Selbsts verläuft, dann würden wir nicht bloß zu einem konzeptionellen Verständnis mystischer Hoffnung gelangen, sondern auch einen begehbaren Weg finden, der uns zu ihr führt. Mystische Hoffnung wäre dann ganz einfach das, was geschieht und als Stärke und Freude in unser Sein hineinflutet, wenn wir diesen innersten Grund berühren. Hoffnung wäre dann die Barmherzigkeit – die göttliche Liebe selbst –, die unser Wesen durchzuckt wie ein Blitz, der seinen ungehinderten Weg in den Grund findet.

Le point vierge – der Punkt der Reinheit

Wenn wir in Barmherzigkeit sind, ist sie dann auch in uns? Wenn es bei Barmherzigkeit um Verbindung geht, ist anzunehmen, dass es einen Kontaktpunkt gibt, wo unser innerster Grund und die Barmherzigkeit sich als eins begegnen.

Seit Jahrhunderten sprechen Mystiker und Mystikerinnen über diesen Schnittpunkt, allerdings in einer vorsichtig verschleierten Sprache, da die Unterscheidung zwischen Schöpfer und Geschöpf – zwischen Gott und uns – in der christlich theologischen Orthodoxie streng aufrechterhalten wird. Doch visionäre Erkenntnis offenbart (und dies können wir sicherlich durch persönliche Erfahrung verifizieren, wenn wir uns unserem eigenen Zentrum nähern), dass in dieser Annäherung die Membrane zwischen den Welten immer dünner wird; das Gefühl der Verflechtung wird immer geheimnisvoller. Wo »endet« Gott und wo »beginne« ich? Schon allein die Formulierung offenbart das fundamental Bestechende dieser Frage.

Meister Eckhart schreibt in sehr wohlüberlegten Worten: »Es gibt ein Etwas in der Seele, worin Gott lebt, und es gibt ein Etwas in der Seele, wo die Seele in Gott lebt.«[18] Dieses geheimnisvolle *Etwas* bezeichnet Eckhart als »den Seelengrund«. Es wurde immer und immer wieder beschrieben: etwa vom mystischen Quäker George Fox als »inneres Licht« und vielleicht nirgendwo deutlicher und eloquenter als in Thomas Mertons bemerkenswertem Essay "A Member of the Human Race". Darin erzählt Merton von seiner eigenen Initiierung in dieselbe Art von vereinigender Schau, wie sie meine Freundin Rosalind beschrieben hatte:

> In Louisville, an der Ecke Vierte / Walnut Street, inmitten der Einkaufsmeile, wurde ich schlagartig von der Erkenntnis überwältigt, dass ich all diese Menschen liebte, dass sie mir gehörten und ich ihnen.[19]

Für einen Augenblick schmolz sein trügerisches Gefühl des Getrenntseins und er war, im Herzen Gottes, mit der ganzen Menschheit eins. Merton denkt über die Quelle dieser Einheit nach und beschließt seinen Essay in einem Ausbruch reinsten visionären Glanzes:

> Hier kommen wir wieder zu diesem Begriff *«le point vierge»* (den ich nicht übersetzen kann). Im Zentrum unseres Wesens gibt es einen Punkt des reinen Nichts, unberührt von Sünde oder Illusion, einen Punkt der reinen Wahrheit, einen Punkt oder einen Funken, der ganz und gar Gott gehört, über den wir niemals verfügen, von dem aus aber Gott über unser Leben verfügt, der

18. Meister Eckhart: *Werke I – Predigten,* Herausgegeben und kommentiert von Niklaus Largier, Frankfurt am Main: Deutscher Klassiker Verlag, 1993, Predigt 42, Seite 451.
19. Thomas Merton: *A Merton Reader,* herausgegeben von Thomas P. McDonnell, New York: Image Books, 1989, Seite 345.

> unzugänglich ist für die Fantasien unseres Verstandes oder die Rohheiten unseres Eigenwillens. Dieser kleine Punkt des Nichts und der äußersten Armut ist die uns eingeschriebene reine Herrlichkeit Gottes. Er ist sozusagen Sein Name, in uns eingetragen als unsere Armut, als unsere Bedürftigkeit, als unsere Abhängigkeit, als unsere Kindschaft. Er ist wie ein reiner Diamant, der vom unsichtbaren Himmelslicht funkelt. Er ist in jedem Menschen, und könnten wir dies erkennen, würden wir Milliarden solcher Lichtpunkte zusammenströmen sehen im Antlitz und Leuchten einer Sonne, die alle Finsternis und Grausamkeit des Lebens vollständig überblendet.[20]

Obwohl Merton hier erklärt, den Ausdruck *le point vierge* (den »Punkt der Reinheit«) nicht übersetzen zu können, tut er dies in einigen seiner anderen Schriften durchaus. Den Ausdruck selbst entlieh er sich vom französischen Gelehrten Louis Massignon, aus dessen Übersetzung der »Abhandlung über das Herz« des sufischen Mystikers al-Ḥallādsch aus dem neunten Jahrhundert. *Le point vierge* ist »das letzte, nicht weiter zurückführbare, geheime Zentrum, in das Gott allein vordringen kann«, wo also die letzten Schleier unseres Erschaffenseins der alles umhüllenden Barmherzigkeit Gottes weichen. An einer Stelle seines Buches *Conjectures of a Guilty Bystander* schreibt Merton:

> In Massignons Buch *Les Mardis de Dar-es-Salam* finden wir einige zutiefst bewegende Seiten: über die Wüste, über die Tränen Hagars [der zweiten Frau Abrahams], über die Muslime, über den *point vierge* des Geistes, das Zentrum unserer Leere, wo wir, in scheinbarer Verzweiflung, Gott begegnen – und uns vollständig in Seiner Barmherzigkeit wiederfinden.[21]

20. Ebenda, Seiten 346–347.

Mertons Formulierung in diesen Passagen ist ebenso mutig wie vorsichtig. Mutig insofern, als dass er erklärt – und dies vielleicht deutlicher als irgendein anderer mir bekannter christlicher mystischer Autor –, dass sich im Zentrum unseres Wesens ein innerster Punkt der Wahrheit befindet, der nicht nur eine Ähnlichkeit mit Gottes eigenem Sein aufweist, sondern sogar dessen *Substanz* teilt. Und vorsichtig insofern, als dass er der Tendenz der christlichen Tradition folgt und entsprechend erklärt, der Zugang zu diesem Zentrum liege nicht in unserer Macht. *Wir* können nicht dorthin gelangen; es kann nur zu uns kommen, indem es aus dem Innersten heraus und in unser Wesen hineinströmt. Des Weiteren ist Merton, sogar noch stärker als seine sufischen Quellen, davon überzeugt, dass dieser Strom nur in vollständiger Armut betreten werden kann – in vollständigem Nichts. Dabei reiht er sich in eine lange Tradition von Mystikern ein, wenn er bekräftigt, dass wahres Sein sich in diesem Reich als Nicht-Sein, als Nichts zeigt und man sich ihm nur auf eine Seinsweise nähern kann, die in unserem gewöhnlichen Bewusstsein als absolut kontraintuitiv erscheint: eine Seinsweise, die Armut, Unwissenheit, Aufgabe und Tod miteinschließt. Wir können dieses Innerste nicht finden, aber wir können *von ihm gefunden* werden in unserer rückhaltlosen Bereitschaft, uns ihm im Punkt des Nichts anzuschließen. Dies ist das Koan, das die trügerische Dichotomie zwischen Gnade und Werken auflöst und es dem Zugangspunkt – von dessen Existenz wir in unserem Herzen wissen – erlaubt, uns in das leuchtende Netz hineinzuziehen. Durch diesen kleinen Punkt oder Funken reiner Wahrheit fließt die Barmherzigkeit in uns hinein und durch uns hindurch. Dies ist die Quelle am Grund des Brunnens unseres Seins, aus der die Hoffnung kontinuierlich erneuert wird.

21. Zitiert in Rob Baker und Gray Henry [Hrsg.]: *Merton and Sufism: The Untold Story*, Louisville: Fons Vitae, 1999, Seite 64; das Buch erscheint voraussichtlich 2024 auf Deutsch im Chalice Verlag.

Mertons Erfahrung des *point vierge* entsprang nicht seiner Beschäftigung mit dem Sufismus. Sie gedieh aus seinem eigenen tiefgründigen Erleben des kontemplativen Gebets, in dem man hinabtaucht in die Tiefen und bei der Quelle seines eigenen Seins den »verborgenen Grund der Liebe« findet, wie Merton ihn nennt. Als Lehrerin des kontemplativen Gebets sehe ich immer wieder, dass jene, die diesen Pfad beschreiten, zu diesem Innersten und Tiefsten hingezogen werden, von dem sie verstanden haben, dass es keine persönlich vergöttlichte Selbstheit ist, sondern der göttliche Grund selbst, der sich in ihnen und durch ihre individuelle Form manifestiert. In so vielen meiner Workshops begegne ich Menschen (viele von ihnen nicht mehr praktizierende Christen), die aller theologischen Indoktrinierung bezüglich der vollständigen Andersartigkeit Gottes getrotzt haben und ihrem intuitiven Wissen treu geblieben sind, dass auf dem Seelengrund, am *point vierge,* ein Etwas unseres Seins tief in das Herz Gottes drängt und im unendlichen Ozean von Gottes Barmherzigkeit zu schwimmen beginnt. Dieser Ozean ist unsere Quelle und unsere Substanz, der Grund unseres eigenen Auftauchens, der Grund der Hoffnung. Jene, die das erlebt haben, mögen aus der Kirche austreten, aber diesen Grund verlassen sie nicht. Wer dies einmal erfahren hat, kann es nicht mehr verleugnen.

3
Meditation und Hoffnung

Die Vorstellung, Gott sei nicht zugegen, ist die fundamentale Illusion des menschlichen Daseins.

THOMAS KEATING

An dieser Stelle müssen wir eingehender auf das kontemplative Gebet oder, um seinen Gattungsnamen zu verwenden, auf *Meditation* zu sprechen kommen. Im letzten Kapitel konnten wir sehen, wie die Reise zu den Quellen der Hoffnung eine Reise zum Zentrum ist, zum innersten und tiefsten Grund unseres Seins, wo wir Gott begegnen und von Gott empfangen werden. Wenn wir von einer Reise in unsere innerste Mitte reden, lässt es sich nicht vermeiden, auch über Meditation zu sprechen.

Oder vielleicht doch – zumindest, wenn wir Bede Griffiths, einem der großen kontemplativen Meister unserer Zeit zuhören. Er behauptete nämlich, dass es eigentlich drei Wege gibt, in unser Zentrum zu gelangen: Wir können eine Nahtoderfahrung machen, uns heftig verlieben oder mit einer Meditationspraxis beginnen. Von diesen drei Möglichkeiten, so sagte er mit einem verschmitzten Lächeln, sei die Meditation wahrscheinlich der verlässlichste Ausgangspunkt.

Seit mehr als dreißig Jahren lehre ich nun das Gebet der Sammlung (oder das zentrierende Gebet). Es handelt sich hierbei um eine einfache Form der Meditation in der christlichen Tradition, entwickelt und bekanntgemacht von Thomas Keating, dem Trappistenmönch und ehemaligen Abt des Benediktinerklosters in Snowmass, Colorado.[22] Das Gebet

22. Siehe THOMAS KEATING: *Open Mind, Open Heart,* Rockport, MA: Element Books, 1996. Siehe auch CYNTHIA BOURGEAULT: *Das*

der Sammlung ist eine tiefgehende, geradlinige Methode des Selbstentleerens – des Immer-wieder-Loslassens der Gedanken, sobald sie auftauchen –, mit der Praktizierende ihrer zwanghaften Verstrickung ins Denken entkommen und sich der tieferen Stille Gottes anvertrauen können.

Ich betrachte Meditation, ob wir nun das Gebet der Sammlung oder eine andere Methode praktizieren, als einen wesentlichen Ausgangspunkt für ein Verständnis christlicher Theorie und Praxis. Warum? Weil Meditation mehr als jede andere spirituelle Übung unsere latenten Fähigkeiten fördert, göttliche Hoffnung wahrzunehmen und darauf reagieren zu können. In der klassischen Sprache unserer christlichen Tradition werden diese Fähigkeiten als »geistige Sinne« bezeichnet.

Wenn ich also mit dem, was ich bisher ausgeführt habe, richtig liege, ist Barmherzigkeit immer bei uns; sie ist der Grund und die Quelle unseres Seins. Wenn wir uns allerdings nicht damit verbinden können, verpassen wir die ganze Show und missverstehen die »Frohe Botschaft«, die unser Evangelium begründet. Es ist durchaus möglich, in einem Meer der Barmherzigkeit zu schwimmen und sich dennoch so zu fühlen, als sei man am Ufer gestrandet. Meditation zielt darauf ab, diese falsche Wahrnehmung richtigzustellen.

Egoisches Denken

In Kapitel 1 befassten wir uns damit, dass Hoffnung normalerweise ein Gefühl ist, das im Zusammenhang mit einem erwünschten Ergebnis steht. Das heißt, Hoffnung ist an etwas gebunden, das sich »außerhalb« von uns befindet, wie beispielsweise ein neuer Job oder eine neue Beziehung, und nach dem wir außerhalb unserer selbst suchen. Eine andere

Herz im Gebet der Sammlung: Non-duales Christsein in Theorie und Praxis, Xanten: Chalice Verlag, 2021.

Art, dasselbe auszudrücken, lautet: Unser gängiges Gefühl der Hoffnung ist an eine »egoische« Denkweise gefesselt, denn das Aus-sich-selbst-Hinausschauen ist genau der Prozess, der das Denken des Egos kennzeichnet.[23]

Mit dem Ausdruck »egoisches Denken« ist kein Werturteil verbunden, denn ich meine hier nicht Egoismus oder »sündigen Eigenwillen« – zumindest jetzt noch nicht. Ich spreche einfach von der Biochemie des Verstandes, also darüber, wie unser mentaler Apparat funktioniert. Als Menschen sind wir mit dem ausgestattet, was als »selbstreflexives Bewusstsein« bezeichnet wird: der Fähigkeit, außerhalb von uns selbst zu stehen, und uns in der dritten Person zu betrachten. Soweit wir wissen, sind wir die einzige Spezies, die über solch eine Fähigkeit verfügt. Mit dieser einzigartigen Begabung des Geistes können wir uns als verschiedenartige Personen erleben, die durch unterschiedliche Eigenschaften, Fähigkeiten und Bedürfnisse gekennzeichnet sind: »Ich bin ein Mensch, der das Meer liebt«, »Ich habe ein aufbrausendes Temperament«, »Ich bin ein Katzenmensch…, ein Hundemensch…, eine introvertierte Person…, eine Person, die Ordnung in ihrem Leben braucht…« Und es ist dieselbe Fähigkeit, mittels der wir uns selbst zurück in die Vergangenheit oder vorwärts in die Zukunft projizieren können: erinnern, planen, vorausblicken. Wir können von ganz unterschiedlichen Realitäten träumen und diese verwirklichen. Das ist die große Geniali-

23. Die Autorin benutzt in ihren Schriften anstelle von »egozentrisch« bevorzugt das Adjektiv »egoisch«, das moralisch weniger aufgeladen ist. Es ist im Englischen (*egoic*) weitaus gebräuchlicher als im Deutschen, wird aber hier wie dort hauptsächlich in der psychologischen und philosophischen Literatur verwendet. Früheste Belege für seinen Gebrauch finden sich im Englischen bei BENJAMIN WARD RICHARDSON: *The Asclepiad*, Volume I, London 1884, Seite 238, im Deutschen in einem Brief von FRIEDRICH SCHILLER an Gottfried Körner vom 29. August 1787 (»Herder und seine Frau leben in einer egoischen Einsamkeit und bilden zusammen eine Art von heiliger Zwei-Einigkeit, von der sie jeden Erdensohn ausschließen«) [A. d. Ü.].

tät des menschlichen Geistes und der Grund für unseren außergewöhnlichen evolutionären Erfolg. Dank dieser Begabung sehen wir uns (ob berechtigterweise oder nicht) als die Verwalter der Schöpfung und nicht als ihre mechanischen Teile.

Doch diese Befähigung zur Selbstreflexion hat auch eine Kehrseite. Verwoben in die Textur des egoischen Denkens ist unsere Tendenz, die persönliche Identität als abgetrennt zu betrachten – als zusammengesetzt aus unterschiedlichen Eigenschaften, als definiert durch das, was uns vom Ganzen unterscheidet, vom Ganzen trennt. Wegen dieses zweischneidigen Schwerts ist unser Ego chronisch verängstigt. Es kann einfach nicht »genug« bekommen – nicht genug Lob, nicht genug Sicherheit, nicht genug Erfolg –, um dieses qualvolle Gefühl des Getrenntseins und der Abgesondertheit auszuhalten, dieses Gefühl, eigentlich darin versagt zu haben, das »Selbst« zur Fülle zu bringen.

Auch dies ist bloß ein Teil der Biochemie des egoischen Denkens. Doch es wird deutlich, wie schnell der besagte »sündige Eigenwille« in einem Saatbeet der Angst aus dem Boden schießen kann. Wenn ich mich als von allen anderen getrennt erlebe, entsteht zwangsläufig ein Gefühl des Mangels und ein automatischer Wettbewerbsinstinkt um beschränkte Ressourcen. Der Gewinn, den eine andere Person erzielt, bedeutet für mich einen potenziellen Verlust, weshalb ich ständig um die Durchsetzung meiner eigenen Rechte und Befriedigung meiner eigenen Bedürfnisse besorgt sein und darauf achten muss, dass ich nicht ausgenutzt werde. Genau darum geht es Jesus im Gleichnis vom Weinberg, wo der Vorarbeiter allen Arbeitern denselben Lohn zahlt, unabhängig davon, ob sie nun zwölf Stunden oder nur eine Stunde gearbeitet haben. Das Gleichnis ist eine entlarvende Satire über diese Art des Denkens – über unser zwanghaftes Bedürfnis nach einer genauen Buchhaltung des potenziellen Mehr oder Weniger. Wie in einem Zen-Koan liegt der

Haken darin, dass wir es nicht begreifen, solange wir in diesem egoischen Bewusstsein feststecken.

Zum Glück – und das ist der Punkt, auf den spirituelle Meister jedweder Tradition seit undenklichen Zeiten hingewiesen haben – entspricht dieses Denken nicht der Wirklichkeit: Das Gefühl von herrschendem Mangel und Bedrohung ist eine verzerrte Wahrnehmung, die von der egoischen Denkart selbst erzeugt wird, so wie eine Linse unter Wasser einen Lichtstrahl weniger scharf zu bündeln vermag als in der Luft. Wenn Sie sich beunruhigt, verzweifelt, gekränkt oder verletzt fühlen, haben Sie vielleicht tatsächlich ein Problem, vielleicht aber auch nicht (erstaunlich häufig erweisen sich unsere aus negativen Gefühlen resultierenden Wahrnehmungen als absurd). Eines jedoch *ist* sicher: Sie bewegen sich innerhalb des egoischen Denkens, denn dies ist die Stufe, auf der all diese Gefühle entstehen und sich regen.

Diese Aussage mag Ihnen vielleicht allzu kategorisch erscheinen und einer Nuancierung bedürfen. Doch sämtliche spirituellen Lehrerinnen und Lehrer – einschließlich unseres Gesalbten in seinen so schönen Lehren über die Lilien auf dem Felde – haben genau darauf bestanden und die Menschen aufgefordert, »es auszuprobieren«, und zwar in ihrem eigenen Erfahrungsspektrum. Um diesen Turbulenzen zu entkommen, haben Sie gemäß der spirituellen Lehre zwei Möglichkeiten: Entweder Sie verbleiben in der egoischen Wahrnehmung und versuchen, das Problem auf dieser Ebene zu lösen, oder Sie wechseln zu einer völlig neuen Art des Wahrnehmens.

Das gängige und das spirituelle Bewusstsein

Wahrscheinlich ist Ihnen bereits aufgefallen, dass alle drei von Bede Griffiths vorgeschlagenen »Wege ins Zentrum« uns aus dem egozentrischen Bewusstsein hinauskatapultieren.

Jene, die eine Nahtoderfahrung gemacht haben, verfügen über eine eingefleischte Erinnerung daran, wie lebendig und üppig das Leben ist, wenn das Gefühl der Trennung wegfällt. Jene, die sich zutiefst verlieben, erleben ein Hineinsterben in die geliebte Person, das auch das letzte Fitzelchen von Egozentrik wegschmilzt, bis es kein »Ich« mehr gibt – nur noch das »Du«. Jene, die meditieren, wandern zum selben Ort hinunter, jedoch eher über eine Hintertreppe in ihrem eigenen Wesen.

Tiefer als auf der Ebene unseres Gefühls von Getrenntsein und Isolation gibt es eine weitere Ebene des Bewusstseins, eine ganz andere Art des Erkennens. Thomas Keating nennt es in seinen Lehren zum Gebet der Sammlung unser »spirituelles Bewusstsein« und setzt es in Kontrast zum »gängigen Bewusstsein« unseres üblichen egoischen Denkens. Am einfachsten lassen sich diese beiden Bewusstseinsarten wie folgt unterscheiden: Während das selbstreflexive Ego mittels Unterscheidung und Herausstellen von Unterschieden denkt, »denkt« das spirituelle Bewusstsein durch eine angeborene Wahrnehmung der Verwandtschaft, der Zugehörigkeit zum Ganzen.

Ich weiß, dass diese Ausdrucksweise nicht ganz einfach zu verstehen ist. Sie geht unserer Sprache (die unseren üblichen Denkprozess spiegelt) gegen den Strich und rutscht ein wenig ins Reich der Poesie und des mystischen Ausdrucks ab. Die christliche kontemplative Tradition strotzt vor Beschreibungen der »geistigen Sinne« – dieser feinsinnigeren Fähigkeiten intuitiver Wahrnehmung –, doch in einer Sprache, die häufig so allegorisch und verdichtet ist, dass sie mehr verbirgt als sie offenbart. Lassen Sie mich den hier verhandelten Sachverhalt auf eine weniger komplizierte Weise beschreiben, indem ich Ihnen von einem Erlebnis aus meiner Zeit in Maine erzähle, als ich dem »spirituellen Bewusstsein« sehr nahegekommen bin, und zwar beim Segeln im Nebel.

An einem hellen, sonnigen Tag lässt sich Kurs auf eine fünf Seemeilen entfernte Küstenstelle nehmen und direkt darauf zusegeln. Bei dichtem Nebel jedoch müssen Sie auf jene Dinge achten, die Sie unmittelbar umgeben: auf das tiefe Rollen der Meereswellen, wenn Sie aufs offene Meer gelangen, oder auf den unverkennbaren Duft von Fichtenzweigen und den lebhafteren Takt der Wellen, wenn Sie sich dem Land nähern. Sie finden Ihren Weg, indem Sie sich sensibel und sinnlich mit genau dem verbinden, was Sie dort vorfinden, wo Sie sind. Sie müssen sich vom »Hier« führen lassen. Natürlich lernen Sie das nicht im Navigationskurs. Und doch gehört es zu dem Wissen, nach dem Fischer und Einheimische steuern. Wenn Ihr Gespür Sie Ihren Weg nach Hause finden lässt, wissen Sie, dass Sie zu dem Ort gehören.

Diese kleine Metapher scheint mir eine recht gute Analogie dafür zu sein, wie diese beiden Bewusstseinsebenen wirken. Beim egoischen Denken »segelt« man, indem man sich an dem orientiert, wo man sich *nicht* befindet – an dem, was da draußen und irgendwo vor einem liegt. Spirituelles Bewusstsein hingegen zeigt sich dergestalt, dass man sich – wie beim Segeln im Nebel – daran orientiert, wo man tatsächlich *ist.* Man »denkt« auf einer intuitiveren Ebene seines Wesens und reagiert schon auf bloße Andeutungen der Präsenz, die zu fein sind, als dass sie auf der normalen Bewusstseinsebene wahrzunehmen wären, die jedoch wie eine Meereswelle vom Grund unseres Seins auftauchen, wenn wir uns entspannen und uns dieser ganzen Szene tief zugehörig zu fühlen beginnen.

Wegen dieser intuitiven Dimension des spirituellen Bewusstseins sprechen manche Autoren davon, dass das Herz auf Gott hin »magnetisiert« ist und auf eine magnetische Anziehung vom Zentrum her so reagiert, wie sich die Kompassnadel zum magnetischen Nordpol hin ausrichtet. Und dieses Zentrum ist natürlich nichts anderes als der *point vierge.*

In seinem Diagramm der Bewusstseinsebenen, das wie eine Zielscheibe aus drei konzentrischen Kreisen aufgebaut ist, platziert Thomas Keating, nach dem »gängigen Bewusstsein« und dem »spirituellen Bewusstsein«, im innersten Kreis das, was er das »göttliche Bewusstsein« nennt. Ich war zugegen, als ein Student ihn fragte: »Ist dies unser genauestes Bewusstsein von Gott, oder ist Gott Sich selbst *durch* uns bewusst?« Bruder Keating lächelte und antwortete: »Nun, da haben Sie eine schöne Denkaufgabe!« Ganz offensichtlich kreisten beide um dasselbe geheimnisvolle Terrain des Innersten und Tiefsten, das Thomas Merton so feinsinnig beschrieb.

Unser spirituelles Bewusstsein scheint uns gegeben zu sein, um uns auf diesen »Punkt oder Funken reiner Wahrheit« im Kern unseres Wesens auszurichten und ausgerichtet zu halten, von dem sowohl die wahre Kompassrichtung unseres Lebens als auch unsere existenzielle Überzeugung der Zugehörigkeit ausströmen. Darum geht es bei der oben erwähnten magnetischen Anziehungskraft. Und indem wir nach und nach lernen, dem spirituellen Bewusstsein zu vertrauen und uns von ihm führen zu lassen, werden wir entdecken, dass jene Urängste aus der egoischen Ebene – dass etwas Schreckliches geschehen könnte, dass wir aus Gottes Herzen fallen oder einen nicht wiedergutzumachenden Schaden erleiden könnten – in diesen tieferen Gewässern unseres Seins nichts bedeuten. So intensiv wir auch suchen mögen, wir werden sie dort nicht finden. Sie können uns nur ergreifen, wenn wir uns an der Oberfläche unseres Selbsts befinden.

Echte Metanoia

Es gibt wohl kaum jemanden, der tatsächlich *freiwillig* im Nebel segeln geht. Vielmehr muss man dazu gezwungen, aus dem warmen Nest geworfen werden. Ähnlich verhält es sich mit dem Meditieren. Solange wir in unserem Leben mit unserer herkömmlichen Denkweise klarkommen, belassen wir alles beim Alten, was dazu führt, dass diese andere, tiefgründigere Art des Wissens lediglich als Latenz in unserem Inneren schlummert – bis wir gegen die Wand fahren oder uns die Sehnsucht nach Wahrheit überwältigt und wir realisieren, dass alles, was auf die gängige Weise des Bewusstseins getan wird, in Lügen und Desillusionierung mündet; erst dann willigen wir ein, die bekannten Gewässer der egoischen Navigation zu verlassen.

Wenn Sie an diesen Punkt gelangt sind, können Sie sich Meditation als eine Art Wette vorstellen, die Sie mit sich selbst eingehen und die lautet: Diese andere, neue Denkweise, diese Ebene, die darum weiß, wie man im Nebel segelt und im Dunkeln sehen kann, existiert bereits in mir. Was glauben Sie, warum die großen christlichen kontemplativen Meister ihren Werken Titel gaben wie *Die Wolke des Nichtwissens* oder *Die dunkle Nacht der Seele?* Das Einzige, was diese ganzheitliche und wundersame andere Erkenntnisart daran hindert, zum Vorschein zu kommen, ist unser übermäßiges Vertrauen in unser herkömmliches Denken. Schalten Sie dieses alte Denken nur für eine Weile ab, und das andere wird sich in Ihnen formen und zu einer Realität werden, die Sie tatsächlich erleben können. Und dann werden Sie Ihre absolute Zugehörigkeit und Ihren Platz im Herzen Gottes auf eine Weise erkennen, wie es Ihnen gegenwärtig nicht möglich ist, und Sie werden wissen, dass Sie für immer ein Teil dieses Herzens sind und unmöglich daraus herausfallen können, ganz gleich, was auch geschieht.

So lautet die Wette. Das Meditieren wird dann zu einem Weg, den Lärm auszublenden, den Ghettoblaster des egoischen Denkens leiser zu stellen, um diesem Anderen in uns zu erlauben, in Schwingung zu geraten. Thomas Keating nennt dies, »einen kleinen Urlaub von sich selbst nehmen«. Egal, welche Art des Meditierens wir praktizieren, im Prinzip geht es darum, uns lange genug von jenem Denken, das den egoischen Prozess verstärkt, freizumachen, um dieser anderen tieferen Intelligenz in uns vertrauen zu lernen. Sie versorgt uns mit einer anderen Art des Denkens, die »jenseits des Verstandes« liegt, was übrigens mit dem Wort *Metanoia* – normalerweise als »Buße«, »Reue« oder »Umkehr« (wörtlich: »Umkehr des Denkens«) übersetzt – auch eigentlich gemeint ist.

Das Gebet der Sammlung und Meditation

Die Wiederentdeckung der Meditation als einer Schlüsseldisziplin des christlichen Pfades ist eine der bedeutendsten Entwicklungen der Spiritualität unserer Tage. Heute meditieren täglich Zehntausende von Christen weltweit; die Mehrheit von ihnen praktiziert entweder das Gebet der Sammlung oder die »christliche Meditation« (eine parallele, vom 1982 verstorbenen Benediktinerpater John Main entwickelte Praxis). Im christlichen Osten verlor man Meditation natürlich nie aus den Augen; das Jesusgebet, das sowohl in Form als auch in Substanz ein klassisches christliches Mantra beschreibt, war immer ein Hauptpfeiler orthodoxer Spiritualität.

Doch unter den verschiedenen Meditationsformen, die christlichen Praktizierenden heute zur Verfügung stehen, tendiere ich persönlich, wegen seiner besonderen Ausrichtung, weiterhin zum Gebet der Sammlung als jener Form mit der größten Übereinstimmung sowohl mit der Theologie als auch dem grundlegenden Temperament des Christentums. Andere Meditationsformen betonen die Beruhigung des Verstandes (oder Geistes) oder die Entwicklung der auf einen Punkt ausgerichteten Konzentration. Im Gebet der Sammlung hingegen ist alles auf die Zustimmung – oder Ergebung – ausgerichtet, »auf die Gegenwart und das Wirken Gottes«, wie Thomas Keating es ausdrückt.

Anders als bei Meditationsformen, welche das ständige Wiederholen eines Gebetswortes oder eines Mantras vorschreiben, verlangt das Gebet der Sammlung einfach gesagt:

»Sitze in der Gegenwart Gottes. Und wann immer du bemerkst, dass du denkst, lass den Gedanken los.« Und dies nicht etwa, weil das Denken schlecht wäre, sondern weil es unser Ziel ist, einen Raum tiefer innerer Verfügbarkeit für Gott zu bewahren – tiefer als Gedanken und tiefer als Emotionen –, wobei das Denken schlicht im Wege steht. Auch beim Gebet der Sammlung kommt ein »heiliges Wort« zum Einsatz, um diesen unverzüglichen Verzicht auf Gedanken zu erleichtern, aber anders als bei einem Mantra, wo es als ein fortgesetzter Prüfstein der Aufmerksamkeit fungiert, gebrauchen wir es hier rein sporadisch.

Der feine Unterschied der Gewichtung wird in einer der klassischen Lehrgeschichten rund um das Gebet der Sammlung schön veranschaulicht. Eine Nonne, die bei einem von Thomas Keating geleiteten Workshop zum ersten Mal das Gebet der Sammlung ausprobiert hatte, wandte sich völlig frustriert an ihn und sagte: »In den zwanzig Minuten, in denen ich hier saß, habe ich zehntausend Gedanken gehabt.« Ohne mit der Wimper zu zucken, antwortete Bruder Keating: »Wie schön! Zehntausend Gelegenheiten, zu Gott zurückzukehren!«

Genau das ist die Essenz des Gebets der Sammlung. Der »Zauber« dieser Übung wird nicht dadurch heraufbeschworen, dass man den Verstand absolut still oder klar hält. Er entfaltet sich in jedem einzelnen Moment, in dem wir uns beim Denken erwischen und bereit sind, diesen Gedanken wieder gehen zu lassen – als ein Symbol unserer Einwilligung, uns vollständig zu öffnen. Wir lassen für die Dauer des Gebets »unser Zeug« gehen, als ein freiwilliges Geschenk unserer Liebe, und schaffen so einen Raum absoluter Verfügbarkeit für Gott: »Nicht mein, sondern Dein Wille geschehe« (Lukas 22.42) – immer und immer wieder, Gedanke um Gedanke, Zehntausende um Zehntausende von Gedanken. Ich nenne es das »Boot Camp in Gethsemane«, weil wir in dieser schlichten Meditationsform die Herzensgeste des christlichen Glaubens praktizieren: das vollständige Ergeben unseres Selbsts in die Hände Gottes. Und ja, damit tun wir, was alle Meditationen tun: einen Stecken in die Speichen des egoischen Denkens halten und einer neuen Art der Erkenntnis erlauben, in uns aufzutauchen.

Wenn wir diese Dinge im Zusammenhang mit dem Gebet der Sammlung tun, wohnt diesem Auftauchen jedoch eine ganz besondere Warmherzigkeit inne, die das charakteristische Aroma des Gebets der Sammlung ist, das alle wahrzunehmen vermögen, die – insbesondere in Gruppen – mit diesem Gebet arbeiten. Diese Wärme, die mitunter für jene, die eher strengere Meditationsformen praktizieren, verwirrend sein kann, entwickelt sich aus einem guten Grund: Das Gebet der Sammlung mit seinem Akzent, der nicht auf der Klarheit des Verstandes, sondern auf der Ergebung des Herzens liegt, führt nämlich direkt hinunter in dessen Tiefe, direkt zum *point vierge.* Das Gebet der Sammlung wird zur unmittelbaren Begegnung mit der Barmherzigkeit.

∽

4
Stirb, bevor du stirbst

Mitten im tiefsten Winter wurde mir endlich bewusst,
dass in mir ein unbesiegbarer Sommer wohnt.
ALBERT CAMUS

Dieses Zitat von Camus kannte ich in Form eines Posters, das neben dem Bett meiner Mutter hing, als sie an Krebs starb. Ich bin mir nicht sicher, was es ihr bedeutet hat – sie war schon weit darüber hinaus, von sich selbst zu sprechen oder irgendetwas zu erklären. Doch sie wollte, dass ich das Poster bekomme, und so wurde es mir zu einem zuverlässigen Referenzpunkt auf meiner eigenen Reise zur Quelle mystischer Hoffnung.

In diesem Kapitel möchte ich über jenen harten Boden der Tatsachen sprechen: über jene Situationen, in denen sich keine Hoffnung, kein Ausweg mehr zeigt. Genau hier nämlich scheint unser christlicher Glaube besonders verwundbar zu sein: Weil wir einen Auferstehungsglauben haben, weil eine der zentralen Vorstellungen der Evangelien Jesus als den Heiler vermittelt, der uns auffordert zu glauben, dass »einfach alles möglich ist«, nehmen wir zu oft an, dass unser Glaube – wenn wir nur genug davon haben – alles wieder in Ordnung bringen könne. Wenn also in solchen kritischen Situationen nichts wieder in Ordnung gebracht wird, verschlimmert sich unser Schmerz durch ein tiefes Gefühl von Verlassenheit und Ernüchterung. Als Pastorin bin ich täglich mit den Trümmerhaufen derjenigen konfrontiert, deren Glaube gemeinsam mit einem geliebten Menschen gestorben ist. Viele Buddhisten und andere spirituelle Meister kritisieren das Christentum ganz besonders in diesem Punkt und weisen darauf hin, dass eine Option auf Heilung nur dann besteht, wenn wir *über* die Hoffnung *hinaus*gehen. Hoffnung wird uns immer aus uns hinausversetzen, hinein ins Wünschen und Brauchen und damit zurück zur Illusion von Getrenntheit, die in Tat und Wahrheit das einzige echte Problem darstellt.

Aber natürlich meinen sie hier die gängige, die oberflächliche Hoffnung. Der *Grund* der Hoffnung ist sehr real und enorm mächtig – wenn wir mutig genug sind, uns ihr ganz und gar hinzugeben. Das tatsächliche Problem mit vielem von unserer christlichen Vorstellung von Hoffnung und Heilung besteht darin, dass sie einfach nicht weit genug greift: Sie bleibt auf der Ebene des In-Ordnung-Bringens. Doch darunter gibt es etwas unendlich Tiefgreifenderes und Echteres.

Im letzten Kapitel sprach ich von Meditation als Schlüssel zu einer neuen Art des Denkens. Doch der wirkliche Punkt der Meditation ist nicht das Zurückstoßen aller Vorstellungen und Konzepte; das Christentum sagt nicht, der Weg, um den Schmerz zu besiegen, liege im Einstellen des Denkens. Vielmehr spricht es davon, dass wir über das lineare, das diskursive Denken hinausgelangen müssen, damit wir Zugang erhalten zum Reich des inspirierten, seherischen Wissens, wo das Christentum letztendlich vollständig kongruent mit seiner eigenen höchsten Wahrheit wird und wir seine mystischen Schätze in einem erweckten Herzen empfangen können. Diese tiefere Art zu denken, wurde in unserer Tradition als das »vereinigende« Denken bezeichnet, und dieses zu erwecken, war schon immer das Ziel jener christlich monastischen Praxis, die wir als *lectio Divina* oder als »heiliges Lesen« der Schrift kennen.[24] Vereinigendes Denken

24. In den Schriften von Thomas Keating sowie in BRUNO BARNHARTS bemerkenswertem Buch *Second Simplicity*, Mahwah, NJ: Paulist Press, 1999, finden Sie diese Übung ausführlich beschrieben; sie ist ein Hauptpfeiler benediktinischer Spiritualität. Siehe auch das Kapitel

gleicht mehr Poesie als systematischer Theologie und verlässt sich auf die Mitwirkung des Unbewussten (welches durch Meditation verfügbar gemacht wird). Hier, auf dieser Ebene liegen die Vorstellungen, die uns wirklich helfen können, die »Breite und Länge und Höhe und Tiefe« mystischer Hoffnung in den Griff zu bekommen, und auch der Grund dafür, warum sie niemals versagen kann.

In diesem Kapitel möchte ich also unter Zuhilfenahme von Poesie und Schauspiel versuchen, dieses tiefere Gewässer etwas weiter hinunterzuschwimmen.

Die Fülle der Zeit

In *Babettes Fest,* diesem beliebten, auf der gleichnamigen Kurzgeschichte von Tania Blixen beruhenden Film, tauchen wir ein in eine ganz besondere Erzählung von Liebe und Verlust. Durch eine Reihe von Koinzidenzen flieht eine Frau namens Babette, Meisterköchin aus Paris, die im Laufe der politischen Unruhen des Jahres 1871 alles verlor, nach Dänemark, wo sie von zwei ältlichen Schwestern aufgenommen wird, deren ganzes Leben der Religionsarbeit gewidmet war. Im Verlauf der Handlung zeigt sich, dass auch diese beiden im Dienst an ihrer kleinen spirituellen Herde große Verluste zu verschmerzen gehabt hatten: Beide hatten den jeweiligen Mann ihrer Träume sowie die Aussicht auf Erfolg und Glück aufgegeben. Nun, Jahre später, sind die Schwestern müde und desillusioniert, ihre Gemeinschaft alternd und zänkisch – die Dinge treiben der Auflösung entgegen. Ganz plötzlich, in einem Handlungssprung der Geschichte, scheint sich aber alles zu wenden, als Babette davon in Kenntnis gesetzt wird, dass sie mit einem Glückspiellos aus ihrer Pariser Zeit in der

»Lectio Divina« in Cynthia Bourgeault: *Jesus: Meister der Weisheit – Was er wirklich lehrte über die Verwandlung unseres Herzens,* Xanten: Chalice Verlag, 2020, Seiten 178–190.

Lotterie gewonnen hat, und sich nun dazu entschließt, den ganzen Gewinn – zehntausend Francs – auf ein französisches Festessen für die Schwestern und deren Gemeinschaft zu verwenden. Völlig verblüfft sitzen diese dänischen Bauern zusammen am Festtisch; doch mit jedem ihnen aufgetragenen Gang französischer Gourmetküche (jeder mit passendem Wein, Kristallkelchen, Porzellan und Besteck) mildert sich allmählich ihre ablehnende Verwunderung.

An diesem Abend sitzt ein besonderer Gast an der Bankettafel: General Löwenhjelm, der Mann, der sich Jahre zuvor um die Hand einer der Schwestern bemüht hatte. Jetzt, da er für den Moment mit der Frau wiedervereint ist, die er immer geliebt hat, obwohl die Zeit sie in getrennte Schicksale zwang, erhebt er sich und beginnt seinen Toast mit einem Vers aus Psalm 85: »Erbarmen und Wahrheit sind einander begegnet; Rechtschaffenheit und Seligkeit sind zusammengekommen in einem Kuss«. Danach spricht er aus, was zum sprachgewaltigen Höhepunkt des Films wird:

> Der Mensch, meine Freunde, [...] ist schwach und töricht. Uns allen war kundgetan, dass wir [Barmherzigkeit] finden sollen in der Schöpfung. Aber in unserer menschlichen Torheit und Kurzsichtigkeit bilden wir uns ein, die Göttliche [Barmherzigkeit] sei etwas Begrenztes, und das macht uns zittern. [...] Wir zittern, bevor wir unsere Wahl im Leben treffen, und wenn wir sie getroffen haben, zittern wir aufs Neue, aus Furcht, dass wir falsch gewählt haben. Aber es kommt der Augenblick, da wir sehend werden und erkennen lernen, dass die [Barmherzigkeit] unbegrenzt ist. Gottes [Barmherzigkeit], meine Freunde, will nichts weiter von uns, als dass wir vertrauensvoll ihrer harren und sie in Dankbarkeit annehmen. Die [Barmherzigkeit], ihr Brüder, stellt keine Bedingungen und sondert keinen von uns aus der Reihe heraus; die [Barmherzigkeit] nimmt uns

> alle an die Brust und verkündet uns Generalamnestie. Sehet an! Was wir uns erwählet haben, das wird uns geschenkt, aber auch, was wir von uns wiesen, wird uns gleichermaßen zuteil. Ja, eben das, was wir verworfen haben, ergießt sich über uns im Überfluss. Denn Erbarmen und Wahrheit sind einander begegnet; Rechtschaffenheit und Seligkeit sind zusammengekommen in einem Kuss![25]

Ein großer Teil der Hoffnungslosigkeit in unserem Leben scheint dem Gefühl geschuldet zu sein, dass uns die Zeit entgleitet, uns Dinge weggenommen werden. Schließlich gibt es nur eine einzige Richtung durch die Zeit. Im Verlauf unseres Alterungsprozesses beginnt die Ansammlung an Bedauern ob der vielen nicht eingeschlagenen Wege schwer auf uns zu lasten; wir bereuen die Entscheidungen, die andere Entscheidungen verunmöglichten, und haben sogar das Gefühl, mit einer ganz bestimmten Entscheidung die einzige Chance unseres Lebens verpasst zu haben. Wie General Löwenhjelm fühlen auch wir uns weit stromabwärts von unserem eigentlichen Lebenskurs abgetrieben und gefangen im Gewirr unserer eigenen kumulierten Fehlentscheidungen, ohne die Möglichkeit, uns daraus befreien zu können.

Oder gibt es sie doch? Mit dieser Überlegung sind wir bei einem der wundersamsten Aspekte der Barmherzigkeit angekommen, die der General mit den weit geöffneten Augen seines Herzens erkennt. Theologen sprechen von diesem Aspekt als der Apokatastasis, der Wiederherstellung aller Dinge »am Ende der Zeit«.

Ich begann, mich mit diesem Konzept intensiver zu beschäftigen, als sich mir vor vielen Jahren an einem Sonntag-

25. Tania Blixen: *Babettes Fest,* aus dem Englischen von W.E. Süßkind, Zürich: Manesse Verlag, 1989, Seiten 65–67 [Süßkind übersetzt *mercy* an dieser Stelle konsequent mit »Gnade« statt mit »Barmherzigkeit«; A.d.Ü.].

morgen, ich lebte damals auf einer Insel vor der Küste von Maine, ein eindrückliches Bild präsentierte. Ich hatte meine Tochter, sie war im Teenageralter, hinunter zum Anleger der Fähre begleitet, die sie aufs sechs Kilometer entfernte Festland bringen sollte, wo sie mit ihren Freund Scott verabredet war. An jenem außergewöhnlich klaren Nachmittag war ich danach auf eine hohe Klippe der Insel gestiegen und konnte beobachten, wie sich das kleine Schauspiel entfaltete. Ich sah jede der einzelnen Sequenzen sich nacheinander abspielen: Die Fähre näherte sich dem Festland, Scotts kleiner, gelber Toyota kam die Straße zum Anleger heruntergefahren und Lucy ging, zumindest in meinen Augen, auf der Fähre nach vorne, da sie es kaum erwarten konnte, von Bord zu gehen und Scott zu treffen. Doch von meinem Blickwinkel aus war bereits alles gegenwärtig in einem riesigen, imposanten »Jetzt«. Die Dimension, die die beiden gerade eben in der Zeit durchlebten, hatte sich für mich in Raum verwandelt, und das Bild war vollendet.

An jenem Tag begriff ich, was mit Apokatastasis, einem Konzept, das sich mir über Jahre hinweg einfach nicht erschlossen hatte, wirklich gemeint war. Ich erkannte, wie Zeit – all unsere Zeit – in etwas Größerem enthalten ist: in einem Raum, der nichts anderes als die Barmherzigkeit selbst ist. Die Fülle (oder »das Ende«) der Zeit wird zu diesem Raum: einer großen, sanften Ausgedehntheit, in der alle möglichen Ergebnisse – alle unsere kleinen Geschichten, Vergangenheit, Gegenwart und Zukunft, all unsere Hoffnungen und Träume – bereits enthalten und auf mysteriöse Weise *schon erfüllt* sind.

Die großen Mystiker haben dies als »das Herz der Barmherzigkeit Gottes« bezeichnet: die Intuition, dass der ganze Regenbogen aus Zeiten und Farben, aus Vergangenheit und Zukunft, aus individuellen Wegen durch die Geschichte im großen weißen Licht der liebenden Gegenwart Gottes enthalten ist – aus ihm heraus- und wieder zurückfließt. *Alpha* und *Omega,* Anfang und Ende. Und in dieser Barmherzigkeit ist unsere ganze Geschichte – all unsere möglichen Vergangenheiten und möglichen Zukünfte, unsere verlorenen Liebsten und nie geborenen Kinder – enthalten und erfüllt in einer Ganzheit der Liebe, aus der nichts je verlorengehen kann.

Das ist keine Vision, in deren Gegenwart wir es lange aushalten. General Löwenhjelm wurde diese Vision an jenem abendlichen Festessen kurz zuteil. Und so geschah es auch dem zeitgenössischen Dichter Dylan Thomas, wie wir in seinem weniger bekannten Gedicht »Diese Seite der Wahrheit« nachlesen können, das zweifellos zu seinen schönsten gehört. Die seinem sechsjährigen Sohn Llewellyn gewidmeten Zeilen erhellen auf bezaubernde Art und Weise, wie all jene scheinbar unversöhnlichen Gegensätze unseres Lebens – Unschuld und Schuld, Erfolg und Versagen, Sieg und Verlust – irgendwie in einer tieferen, vereinenden Vergebung miteingeschlossen sind. Am Ende, so Thomas in seinem Gedicht, hat weder das Gute noch das Böse das letzte Wort, denn

All deine Taten und Worte,
Jede Wahrheit, jede Lüge,
Sterben in Liebe, die nicht urteilt[26]

Könnten wir dies doch bloß tiefer verstehen! Könnten wir dies doch nur einsehen und darauf vertrauen, dass alle unsere Wege dorthin, alle unsere im Laufe der Zeit eingeschlagenen Richtungen – unsere guten wie auch unsere schlechten Taten, unsere Reue, unser zwanghaftes Wählen und die Folgen dieser Entscheidungen, unsere Dinge, die wir nie erledigt, und die Möglichkeiten, die wir nie verwirklicht haben – stillschweigend in einer erlesenen Fülle gehalten sind, die in sich selbst im Gleichgewicht ruht und sich dann in einem

26. DYLAN THOMAS: *Collected Poems,* New York: New Directions, 1957, Seite 117.

einzigen Blick des Herzens nach außen ergießt! Könnten wir das doch bloß verstehen, wenn auch nur für einen Augenblick, dann würden wir vielleicht die Unermesslichkeit der Liebe spüren, die uns am Scheideweg des Jetzt zu treffen sucht, wenn wir uns ihr ganz ergeben.

Mein Lehrer Rafe war absolut überzeugt, mit seinen Eltern, die schon lange verstorben waren, arbeiten zu können, um ihnen dabei zu helfen, sich vom Schmerz unerlöster Themen ihres irdischen Lebens – dem Alkoholismus seines Vaters, der Verbitterung seiner Mutter – zu befreien, indem er ihnen ganz einfach in der Barmherzigkeit begegnete, am weißen, heißen Punkt jener »Liebe, die nicht urteilt«. Es war eine tiefschürfende Arbeit, die mit einer bedeutenden Heilung auch für ihn selbst einherging. Gegen Ende seines Lebens wurde er sich immer sicherer, dass die erledigten und die unerledigten Dinge des Lebens nur die winzige Spitze jenes Eisbergs sind, der die tatsächliche Wirklichkeit unseres Seins repräsentiert. Indem er sich am allertiefsten Punkt seines eigenen Wesens der Barmherzigkeit übergab, dessen war sich Rafe gewiss, betrat er den kausalen Ground Zero, von dem aus sein Leben sich fortwährend selbst in Liebe erneuerte, sogar nach seinem physischen Tod. Aus diesem Grund akzeptierte er in vollständiger Gelassenheit, dass jene Abschnitte unseres menschlichen Weges, die wir aufgrund seines monastischen Gelübdes und unseres Altersunterschiedes nicht in der Lage gewesen waren auszuleben – »die nicht gegangene Straße« von Hochzeit und Familiengründung –, bereits zur Gänze in der Qualität der Liebe zwischen uns in jedem Moment enthalten waren. Und wenn ich nur lernen könnte, mich in die Fülle dieser Liebe hineinzugeben, würde ihre eigene strahlende Kausalität den Weg meiner Entfaltung auch weiterhin beleuchten. Nicht, indem ich um Rafe trauerte, nicht, indem ich versuchte, sein Leben äußerlich zu kopieren, sondern einfach dadurch, dass ich ihn immer und immer wieder an diesem innersten Punkt der Barmherzigkeit unseres Lebens traf, erneuerte sich unser in der Zeit nicht gelebtes gemeinsames Leben in der Liebe selbst.

Rafe war ein Einsiedler und ein Mystiker. Doch ist es noch nicht lange her, dass ich im Grunde genommen dieselbe Einsicht in brillanter Entschlossenheit von meiner Freundin Jamien in Maine hörte, die nach einem zehnjährigen Kampf gegen Brustkrebs sterben sollte, aber erst, als sie ihre vier Söhne so weit aufgezogen hatte, dass sie wusste, sie würden ihre letzten Instruktionen verstehen. Der sechzehnjährige Sam schreibt:

> Bevor sie ihre Stimme verlor, rief sie ihre Söhne noch einmal zu sich und sagte uns, wir sollten unsere Augen offenhalten, nachdem sie gestorben sei, denn obwohl sie ihren Körper verlasse, so sagte sie, werde sie in kleineren Dingen weiterexistieren, und sie hoffte, dass wir sie erkennen mögen. Auch, wenn diese kleineren Dinge mich nicht ständig anspringen, weiß ich doch, wenn sie mir wieder in den Sinn kommen, dass sie recht hatte: Sie ist da. Jamien Morehouse ist jemand, die niemals mein Leben verlässt, und das ist wahrhaftig wundervoll.

Jamiens größtes Geschenk an ihre Söhne war ihre Hartnäckigkeit, mit der sie darauf bestand, dass sie ihr Leben nicht damit verbringen mussten zurückzuschauen. Vielmehr würden sie, wenn sie ihre Augen offenhielten, ihr immer wieder neu begegnen, weil der Fluss ihrer Liebe sie lebhaft in Richtung ihrer Zukunft tragen würde. Dies ist das erste große Geheimnis der Barmherzigkeit.

Stirb, bevor du stirbst

Und doch kämpfen wir gegen dieses Wissen auf Teufel komm raus an. Manche sagen, die größte Tragödie des menschlichen Lebens bestehe darin, dass wir so hart gegen genau das ankämpfen, was, wenn wir ihm endlich nachgegeben haben, die unmittelbare Erfüllung all dessen wird, nach dem wir uns gesehnt haben.

In seiner großartigen Novelle *Der Tod des Iwan Iljitsch* beschreibt Tolstoi, wie Iwan, der noch in den allerletzten Tagen seines Lebens schreiend dagegen ankämpft, in den »schwarzen Sack« seines Todes hineinzugehen, plötzlich eine mysteriöse Drehung erfährt, ähnlich dem Gefühl, das man auf einer Zugreise erlebt, wenn man glaubt rückwärtszufahren, obwohl man in Wahrheit vorwärtsfährt, und sich plötzlich der wirklichen Richtung bewusst wird… Anstelle des Todes war da Licht. »›So ist das also!‹, rief er plötzlich laut aus. ›Welch eine Freude.‹«[27]

Für einige mutige Seelen jeder Generation schien jedoch der wahre Trick darin zu bestehen, den Widerstand zu beenden – diesen inneren Richtungswechsel zu durchleben –, *bevor* das physische Leben zu Ende geht. Diese Praxis wird »Stirb, bevor du stirbst« genannt und repräsentiert das höchste Ziel aller spirituellen Wege. »Denn das Mysterium vom ›Stirb, bevor du stirbst‹ ist Folgendes«, erklärt der große Sufi-Dichter Dschalāl ad-Dīn Rūmī: »Die Gaben kommen, nachdem du stirbst und nicht vorher.«[28] Erst nach der Angst vor unserer eigenen Herabsetzung und Vernichtung, erst nachdem wir die letzten Reste des Sich-um-jeden-Preis-ans-Leben-Klammerns hinter uns gelassen haben, sind wir in der Lage, wahrhaftig in Hoffnung zu leben.

Auch Thomas Merton spricht von dieser Praxis in einem erstaunlichen Vortrag mit dem Titel »Wahre Freiheit«, den er vor Novizen der Trappistenabtei Gethsemani in Kentucky hielt, nicht lange bevor er starb. Er beginnt mit einem Kom-

27. Leo Tolstoi: *Der Tod des Iwan Iljitsch,* übersetzt von J. v. Guenther, Stuttgart: Reclam, 1965, Seite 90.

28. Kabir Helminski: *Living Presence: A Sufi Way to Mindfulness and the Essential Self,* New York: Jeremy Tarcher, 1992, Seite 128.

mentar zum Text des Dichters Rilke, in welchem dieser einen Besuch in demselben Russland beschreibt, wie es in Tolstois Erzählung zu finden ist: »Die Russen begreifen Gott nicht als eine mächtige, erhabene Kraft, welche dem Menschen seine Last abnimmt, sondern vielmehr als eine beschützende Nähe, die keine allerletzte Zerstörung zulässt.« Merton fragt die Novizen: »Wann also werdet ihr diesen Gott als Wirklichkeit kennenlernen?«, und beantwortet seine Frage sogleich selbst:

> Gott ist uns nahe am Punkt direkt vor unserer letzten Zerstörung. Nimm alles von dir weg, bevor du diesen Punkt der letzten Zerstörung erreichst, und das letzte Etwas, das vor der Zerstörung noch bleibt, ist ein kleiner Kern aus Gold, welcher deine Essenz ist – und genau dort ist Gott, diesen Kern beschützend. [...] Und das ist etwas Gewaltiges.
>
> Die wirkliche Freiheit ist die Freiheit, fähig zu sein, von diesem Zentrum aus zu kommen und zu gehen, und fähig zu sein, nur mit dem zu tun zu haben, was unmittelbar mit diesem Zentrum in Verbindung steht. Denn wenn wir sterben, ist das alles, was übrigbleibt. Wenn wir sterben, ist alles außer diesem einen Etwas zerstört, das unsere Wirklichkeit ist und die Wirklichkeit, die Gott für immer beschützt. Er wird dessen letzte Zerstörung nicht zulassen.
>
> Und wir wissen darum. Dieses Wissen ist in dieses kleine Körnchen Gold eingefasst, in diesem Seelenfunken oder was auch immer es ist. Es *weiß* darum. Und die Freiheit, die zählt, ist die Fähigkeit, mit diesem Zentrum im Kontakt zu sein. Weil es dieses Zentrum ist, aus dem alles kommt. [...] [Aber] wir erreichen normalerweise dieses Zentrum nicht, bis wir an den Rand dessen gebracht werden, was wie Zerstörung aussieht. Mit anderen Worten, wir müssen uns der Möglichkeit

> der Zerstörung von allem anderen stellen, um zu erkennen, dass *dies* nicht zerstört wird.[29]

Die meisten von uns sind nicht bereit, so weit zu gehen. Und bedauerlicherweise werden die meisten von uns auch nicht dazu aufgefordert, sich kurz vor diesem Punkt der endgültigen Zerstörung auf die spirituelle Reise zu begeben. Es ist in Ordnung, sich nach und nach dorthin zu arbeiten, und durch Meditation wird uns eine wunderbare Möglichkeit geboten, dies zu tun. Denn durch Meditieren werden wir mit diesem »kleinen Kern aus Gold, welcher unsere Essenz ist«, in Berührung gebracht und wir werden in die Lage versetzt zu erkennen und darauf zu vertrauen, dass Meditation im Grunde genommen jenes Wissen simuliert, von dem Merton sagt, dass es normalerweise erst am Punkt der endgültigen Zerstörung erreicht werden kann: die Erkenntnis, dass *dies* nicht zerstört wird. Dieses schrittweise Erkennen wird in einer Übung wie etwa dem Gebet der Sammlung beschleunigt mittels der Betonung auf die Ergebung des Herzens, wodurch präzise der *Prozess* nachgebildet wird, durch den dieses innere Wissen letzten Endes freigesetzt wird.

Aber während wir versuchen, dieser endgültigen Freisetzung Schritt für Schritt näherzukommen, ist es tröstlich, sich daran zu erinnern, dass einige diesen Ort bewusst aufgesucht haben und ihre eigene Angst und ihren Widerstand überwanden, um in diesen heiligen Grund vorzudringen, wo mystische Hoffnung zur lebendigen Realität wird. Diese Heiligen – wie Juliana von Norwich, die dem Tod so nah war und sich dennoch erholte, oder Therese von Lisieux, die sich am selben Rand bewegte und hinüberging, oder Etty Hillesum, diese bemerkenswerte jüdische junge Frau, die inmitten des Konzentrationslagers die Quellen unerschöpflichen Mitgefühls und Freude in sich selbst entdeckte – all diese be-

29. Thomas Merton: “True Freedom”, transkribiert von der Kassettenreihe *Sufism: Longing for God*, Kansas City: Credence Cassettes, 1995.

herzt-beseelten Abenteurerinnen und Abenteurer bestürmen uns, von jedweder Idee abzukommen, dass Hoffnung uns scheitern lassen könnte. Nur wenn wir weiterhin festhängen, so erinnern sie uns, nur in dem Maße, in dem wir uns nicht völlig in die Barmherzigkeit Gottes hineingeben, wird die Hoffnung versagen. Wenn wir bereit sind, den ganzen Weg zu gehen, wird die mystische Hoffnung uns den ganzen Weg begleiten. Dies ist das zweite große Mysterium der Barmherzigkeit.

Der Leib Christi

Letzten Endes ist dies die Reise, die sogar Jesus unternehmen musste. Im Augenblick seiner Verhaftung befahl er, laut Matthäusevangelium, einem seiner Jünger, der ihn verteidigen wollte: »Steck dein Schwert in die Scheide [...]. Oder glaubst du nicht, mein Vater würde mir sogleich mehr als zwölf Legionen Engel schicken, wenn ich Ihn darum bitte?« (Matthäus, 26.52–53). Diese Geschichte verdeutlicht klipp und klar, dass Jesus, so wie wir alle, diesen Grund seiner eigenen Machtlosigkeit und Hoffnungslosigkeit zu durchschreiten hatte. Da gibt es keine Hoffnung auf die gängige Art, keine mächtige, erhabene Kraft, die uns von unserer Last befreit. Auch Jesus musste diese »beschützende Nähe« in seinem eigenen innersten Grund erfahren.

Die christliche Tradition hat stets intuitiv gewusst, dass – allerdings nicht immer genau warum – es dieses Sich-hinein-Ergeben in den Grund war, das für den Erlösungsakt entscheidend war: also mehr der *Tod* Christi als »bloß« seine Auferstehung. Die Passage durch die endgültige Zerstörung musste vollzogen werden, denn darin – und nur darin – verwirklicht sich eine Wende, die zum Eckpfeiler unserer Erlösung wird.

Was könnte diese Wende sein? Mein Gefühl sagt mir, dass es etwas mit demselben Psalm zu tun hat, den General

Löwenhjelm zitiert: »Denn Erbarmen und Wahrheit sind einander begegnet; Rechtschaffenheit und Seligkeit sind zusammengekommen in einem Kuss!«, oder gemäß einer anderen, neueren Übersetzung: »Barmherzigkeit und Glaube sind sich begegnet; Gerechtigkeit und Frieden haben sich umarmt.« Als Jesus, die lebendige Wahrheit, sich selbst vertrauensvoll in die Barmherzigkeit hineingab, als er, der die Barmherzigkeit war, sich ins Erbarmen auflöste, *in genau jenem Moment wurde die Barmherzigkeit zum Leib Christi.* Von da an und für alle Zeit trägt die Barmherzigkeit ein menschliches Gesicht – und dies ist das Gesicht Christi.

Wenn Sie diese Explosion fühlen können, wenn die Kernfusion, die in diesem Moment stattgefunden hat, noch immer in Ihrem eigenen innersten Grund ihren Widerhall findet, dann werden Sie in der Lage sein, die Intuition der großen Mystiker zu teilen: dass die Barmherzigkeit, die wir hier als Kraft, Intelligenz oder konsequente Güte erleben, nichts anderes als der mystische Leib Christi ist, dessen lebendige Zellen wir selbst unumgänglich und unveräußerlich sind. Der Leib Christi, der Hoffnungskörper, die Barmherzigkeit: Sie alle sind ein und dasselbe. Sie sind das beispiellose Herz Gottes, hinausgeschleudert in die empfängliche Form, sodass nichts innerhalb dieses großen Ausströmens je verlorengehen oder verschwinden kann – keine Idee, keine Möglichkeit, kein Geschöpf, kein geliebter Mensch. Nichts ist je verloren. Die Grundenergie der Liebe, die alles trägt und erhält, das Licht, das die Schöpfung lenkt, und das Licht, durch das wir sie erkennen, werden eins in Christus.

In diesem Erkennen erreichen wir das Fundament, den Kern der mystischen Hoffnung, und das dritte und gleichzeitig größte Mysterium der Barmherzigkeit.

ൾ

5
Hoffnung und Zukunft

> Hoffnung ist nichts Subjektives, das einem optimistischen oder heiteren Naturell zuzuschreiben wäre oder einem Kompensationsverlangen im Sinne der modernen Psychologie Freuds oder Adlers. Sie ist eine objektiv strahlende Lichtkraft, welche die schöpferische Evolution in Richtung der Zukunft der Welt lenkt. Sie ist die himmlische und spirituelle Entsprechung des natürlichen und irdischen Instinkts der biologischen Reproduktion. [...] Anders ausgedrückt: Hoffnung ist das, was spirituelle Entwicklung in der Welt bewegt und lenkt.
>
> VALENTIN TOMBERG

Diese ebenso starke wie schwierige Passage, geschrieben von Valentin Tomberg, dem großen französischen Hermetiker,[30] ist an sich schon eine Meditation und liefert die Konturen meines abschließenden Kapitels. Für jene, die mit Valentin Tomberg nicht vertraut sind, hier ein paar kurze Informationen: Er war ein in Russland geborener Intellektueller, der Mitte des zwanzigsten Jahrhunderts als große Autorität in den europäischen inneren Zirkeln galt. Gegen Ende seines Lebens (er starb im Jahr 1973) fühlte er sich zurück zu seinen christlichen Wurzeln gezogen und schrieb *Die großen Arcana des Tarot,* ein Werk, das ursprünglich anonym veröffentlicht

30. VALENTIN TOMBERG: *Meditations on the Tarot,* Rockport, MA: Element Books, 1993, Seiten 471–472; deutsch: *Die großen Arcana des Tarot,* Peiting: Meum Vita Verlag, 2020. Ein Hermetiker führt die antike Tradition der Alchimie fort, aber nicht um Blei in Gold zu verwandeln, sondern als eine präzise, wenn auch gut verschleierte Wissenschaft innerer spiritueller Transformation.

wurde. Dieses Buch stellt eine brillante Synthese von innerer und mystischer Weisheit dar. Ich lernte es durch Thomas Keating kennen, der es als »den bis heute größten Beitrag zur Wiederentdeckung der christlichen kontemplativen Tradition« bezeichnete.

Im oben angeführten Zitat spricht Tomberg zwei Aspekte mystischer Hoffnung an. Der erste ist ihre Orientierung an der Zukunft – in Richtung Evolution. Anders ausgedrückt, er geht davon aus, dass die Welt auf ein Ziel hinsteuert und dass Hoffnung der Weg ist, über den sie dort hingelangt. Zum Zweiten bekennt er sich zu der Auffassung, dass Hoffnung objektiv ist – und somit, durch Überlagerung, *allgemein.* Sie hat nichts mit unseren privaten Plänen zu tun oder mit unserem subjektiven Bedürfnis nach Heilung und Befähigung. Bei dieser Art von Hoffnung geht es darum, dass wir dort hinstreben, wo *sie* sich hinbewegt. Letztendlich ist Hoffnung göttliche Energie und Intelligenz, die sich in Richtung der Vollendung ihres Zwecks bewegt: Sie bedient sich unserer – und nicht wir uns ihrer.

Die Zukunft?

Habe ich Sie an dieser Stelle etwas verwirrt? Zu Beginn dieses Buches habe ich geschrieben, dass die mystische Hoffnung nicht der Zukunft, sondern der Gegenwart angehört, und nun spreche ich mit Valentin Tomberg davon, dass es *doch* um die Zukunft geht. Wie können also beide Aussagen dennoch stimmen?

Sie beide können wahr sein, wenn wir unseren Blickwinkel von der Hoffnung als Objekt zur Hoffnung als Subjekt wechseln. In unserer gängigen Art des Denkens ist Hoffnung, wie bereits gesagt, an ein Ergebnis gebunden; es ist ein Gefühl, das entsteht, wenn wir uns in Richtung des von uns gewünschten Objekts bewegen. Das ist es, was ich mit Hoffnung als Objekt meine. Und in dem Sinne ist, wie die Buddhisten uns richtigerweise ermahnen, Hoffnung trügerisch und enttäuschend, weil sie uns unvermeidlich ins Äußere bringt, während es doch das *Innere unseres Selbsts* ist, wo wir zugegen sein müssen, um die echte Quelle von Hoffnung zu entdecken.

Das Wesen einer Quelle ist es hervorzusprudeln. Das Wesen der Hoffnung ist es, sich zu bewegen und voranzukommen. Als Subjekt – als eine eigenständige Kraft – bewegt sie sich in Richtung Zukunft, um sich selbst und uns zu tieferer und authentischerer Manifestation zu bringen.

Anders als die Religionen des Ostens, die Wirklichkeit als eine Rückkehr zu der einen Quelle begreifen, geht es bei den westlichen Religionen eher um die Zukunft, um ein Hineingehen in ein Neuwerden. Der Leib Christi ist nicht nur eine zeitlose, ewige Wirklichkeit, sondern bewegt sich durch die Zeit, um in Liebe alle Dinge zu ihrer Vollendung zu bringen.

Das war es, was meine im Sterben liegende Freundin Jamien ihren Söhnen auf eine ganz praktische Art und Weise mitzugeben versuchte. Wenn wir auf eine wahre Weise leben – das heißt in Richtung des Funkleitstrahls unseres innersten Grundes, des *point vierge* –, ist Hoffnung die Strömung, die durch uns hindurchfließt und uns in Richtung Zukunft trägt. Wenn wir uns selbst da hineingeben und mitgehen, wird sie uns zur authentischen Entfaltung unseres Seins bringen. Das Gegenteil ist ebenso wahr: Jegliche Form von Widerstand, sei es Nostalgie, Klammern, Bitterkeit, Selbstmitleid oder Selbstrechtfertigung, wird es unmöglich machen, dass wir diese Strömung der Hoffnung finden und sie uns zu unserem wahrhaftigen Werden trägt. Das macht uns zu Steinen in diesem Flussbett. Doch so lange wir fähig sind, uns zu ergeben, schenken wir uns objektiv in die Hoffnung hinein.

Innen und außen

In diesem Buch habe ich viel über den innersten, tiefsten Grund gesprochen; eigentlich könnte man sagen, dass ich der Quelle von Hoffnung genau im Zentrum unseres Wesens nachgespürt habe, in jenem Grund, zu dem wir normalerweise mittels tiefen Gebets und Meditation den Zugang finden. Darin, so kann ich mir vorstellen, könnte durchaus ein Konfliktpotenzial liegen. Viele Christen sind der gesamten inneren Landkarte gegenüber misstrauisch; sie betrachten das kontemplative Gebet als etwas Privates – vielleicht sogar Narzisstisches – und sind der Überzeugung, dass echte Christen, die aufrichtig um die Zukunft besorgt sind, sich besser weniger um Meditation und dafür mehr um die Rettung der Welt kümmern sollten.

Bei einem Freund von mir aus Colorado konnte ich diese Haltung sehr deutlich beobachten. Als leidenschaftlicher Sozialaktivist, der von Zeit zu Zeit, zwischen der Verbüßung von Haftstrafen aufgrund seiner radikalen sozialen Aktionen, Zuflucht im Kloster in Snowmass suchte, hatte er für das kontemplative Gebet nichts als Verachtung übrig: »Die Nabelschau der oberen Mittelschicht«, verunglimpfte er diese Praxis.

Es stimmt tatsächlich, dass sich das kontemplative Gebet häufig, wenn nicht sogar typischerweise, in der Sprache persönlicher Heilung und Selbstentdeckung präsentiert: Ich betrete die Stille, um mein Unterbewusstsein zu läutern, die emotionalen Wunden meines Lebens zu heilen, mein echtes Selbst zu finden und so weiter und so fort. Doch es existiert ein natürlicher Mechanismus der Selbstkorrektur, der direkt in das Gebet als solches eingearbeitet ist, falls wir wirklich bereit sind, weit genug zu gehen: *Mein wahres Selbst kann ich nur in der Gemeinschaft mit anderen finden.* Das Persönliche kann seine Identität nur in Relation zum Ganzen finden, das die Barmherzigkeit Gottes ist.

Wir haben bereits gesehen, wie Thomas Merton auf diese Wahrheit in seiner eigenen blendenden Epiphanie an der Ecke Vierte / Walnut Street in Louisville stieß, als er plötzlich direkt und gebannt auf die Liebe blickte, die ihn und all die Fremden als Zugehörige der Menschheit miteinander verband. »Es glich einem Erwachen aus dem Traum des Getrenntseins«, schreibt er.

In einer ihn überwältigenden Freude fuhr er fort: »Gott sei Dank, *bin* ich wie die anderen Menschen.« Und auch seine tiefgründige Darlegung des *point vierge,* mit der er seinen Essay schließt, strahlt dasselbe Gefühl des Erwachens hinein in die Einheit aus. Für Merton ist der *point vierge* nicht der Sitz der privaten Individualität, ein Zufluchtsort vor der Dunkelheit und Grausamkeit der Welt, sondern:

> Er ist in jedem Menschen, und könnten wir dies erkennen, würden wir Milliarden solcher Lichtpunkte zusammenströmen sehen im Antlitz und im Leuchten einer Sonne, die alle Finsternis und Grausamkeit des Lebens vollständig überblendet.[31]

Merton hatte damit persönlich die Kernweisheit der Dreifaltigkeit erlebt: Im innersten Grund ist göttliches Sein gemeinschaftlich, selbstmitteilend. Und weil unser wahres Selbst in diesem göttlichen Grund wurzelt, kann es niemals in der puren Leere gefunden werden, wie es so häufig in der kontemplativen Literatur geschildert wird, sondern ausschließlich durch reine *Selbstentäußerung* in Liebe. Wenn wir uns dem *point vierge* nähern, löst sich unsere Illusion von der getrennten Selbstheit in etwas Größeres und Gemeinsameres auf. Je höher wir auf der Leiter des spirituellen Prozesses klettern, desto mehr wissen wir unstrittig, dass wir eine Zelle im Lebenselixier von etwas unendlich Größerem sind.

31. THOMAS MERTON: *A Merton Reader,* herausgegeben von Thomas P. McDonnell, New York: Image Books, 1989, Seite 347.

»Wenn du ein wahrer Einsiedler bist, bist du niemals allein«, lehrte mich Rafe. Er lebte seine Berufung als Einsiedler in seiner kleinen Klause unterhalb des Hügels aus, worin viele ein Leben äußerster Teilnahmslosigkeit an der Welt sehen würden. Und doch kannte und lebte Rafe jene Wahrheit, die alle Einsiedler aller Zeitalter gekannt und gelebt haben: dass die einsame Arbeit des Gebets letzten Endes gemeinschaftlich ist und auf geheimnisvolle Art und Weise das Leben auf diesem Planeten auf einer energetischen Ebene aufrechterhält und pflegt. Gebet, »durchbohrendes Gebet« – wie Juliana von Norwich, noch so eine legendäre Einsiedlerin, es nannte – hat eine mächtige Wirkung. Es bohrt sich bis zum Herzen Gottes vor wie ein starker, die Barmherzigkeit durchfließender elektrischer Strom, der alles fein umordnet und wiederbelebt. Rafe war dermaßen davon überzeugt, dass die wirkliche Arbeit des Gebets auf dieser Ebene getan wird, dass er halb scherzhaft zu sagen pflegte, der entscheidende Job eines Einsiedlers bestehe darin zu helfen, »die spirituelle Ozonschicht des Planeten aufrechtzuerhalten.«

Und eine weitere Sache lehrte mich Rafe, worauf ich später in diesem Kapitel nochmals zurückkommen werde. Er sagte: »Keine bewusste Handlung ist jemals verschwendet.« Er glaubte, dass die Qualität seiner Aufmerksamkeit, mit der er an seinem alten Scout-Geländewagen einen Reifen wechselte oder sich von einem Zornesausbruch erholte, die Qualität des Lebens auf dem Planeten spürbar verändern konnte. Er fühlte, dass reine Akte des Mitgefühls oder Aufmerksamkeit auf der planetarischen Ebene immer ihre Wirkung haben; sie ändern immer die Richtung von Ereignissen, vielleicht sehr subtil, aber dennoch unverkennbar.

Eine Metaphysik der Hoffnung

Erst seit Kurzem fühlen wir Christen uns etwas wohler dabei, wenn auch erst vage, auf diese Art und Weise über Dinge auf der Ebene spiritueller Energie zu sprechen. Im Wesentlichen besteht das Problem darin, dass wir mit einer nicht mehr angemessenen Metaphysik arbeiten, wenn wir uns diesem wichtigen Thema des kontemplativen Gebets und des mitfühlenden Handelns nähern. In einem Quantenuniversum verwenden wir noch immer eine Newtonsche Theologie. Während sich die Wissenschaft schon längst daran gewöhnt hat, Materie und Energie als ein einziges kontinuierliches Feld zu verstehen, halten wir in unseren älteren theologischen Kategorien Materie und Energie noch immer strikt voneinander getrennt – und Gott ist dabei Der von allem am meisten Getrennte. Körper und Geist sind etwas anderes; Schöpfer und Geschöpf sind etwas anderes. Außer es »Pantheismus« zu nennen, wissen wir noch immer nicht, wie wir davon sprechen können, dass Gott in allen Dingen ist; wie wir ausdrücken können, dass die Substanz (und nicht bloß das Bild) göttlichen Lebens in einer ununterbrochenen Offenbarung göttlicher Liebe sowohl durch das Sichtbare wie durch das Unsichtbare strömt. Wir versuchen weiterhin, eine Vision von Einheit in einer Metaphysik des Getrenntseins auszudrücken. Was wir brauchen, ist einen »Quanten«sprung vorwärts in eine neue Art des Erkennens, so wie er Thomas Merton an der Ecke Vierte / Walnut Street widerfuhr, damit wir uns nicht weiterhin auf die isolierten Dinge fokussieren, sondern uns das Energiefeld deutlich vor Augen steht, das sie alle beinhaltet – dieses große »elektromagnetische Feld der Liebe«, wie Kabir Helminski es nennt.

Etwas von dieser Vorstellung versuchte ich in diesem Buch zu entwickeln, nicht indem ich in der modernen Physik herumstöberte (obwohl sich hier eine Menge Bestätigendes finden lässt), sondern indem ich die visionären Einsichten im Herzen der christlichen Mystik erforschte. Und mit dieser Bildcollage aus den griechischen patristischen Vätern, aus Jakob Böhme und Thomas Merton, aus Juliana von Norwich, Hildegard von Bingen und Barbara Taylor Brown und aus so vielen christlichen Romanciers und Dichtern habe ich versucht, eine neue Vorstellung von Hoffnung zu zeichnen. Dieser Neudarstellung liegt eine physisch reale Gemeinschaftlichkeit zugrunde, denn dieses »elektromagnetische Feld der Liebe« ist die Barmherzigkeit – und Barmherzigkeit ist der Leib Christi. Durch diesen Körper zirkuliert die Hoffnung als Lebenselixier: Sie wärmt, sie erfüllt, sie verbindet, sie lenkt. Sie ist das Herz unseres eigenen Lebens und das Herz aller Leben.

Das Zuhause der Hoffnung liegt im innersten Punkt unserer selbst und in allen Dingen. Hoffnung ist eine Qualität der Lebendigkeit. Sie ist kein Resultat, wie ein Gefühl, das aus einem glücklichen Ergebnis hervorgeht. Vielmehr liegt sie am Anfang als ein Wahrheitsimpuls, der uns vorwärts schickt. Wenn unser innerstes Wesen auf diesen Impuls eingestimmt ist, wird er uns in Hoffnung aussenden, ganz unabhängig von den physischen Umständen unseres Lebens. Hoffnung erfüllt uns mit der Stärke, präsent, gegenwärtig zu bleiben, im Fluss der Barmherzigkeit zu verweilen, egal, welche äußeren Stürme uns bedrängen mögen. Wir betreten ihn immer und ausschließlich durch Ergebung, das heißt durch unser Einwilligen ins Loslassen von allem, an das wir uns gerade klammern. Und wenn wir den Fluss betreten, ist er es, der in *uns* eintritt und uns mit seinem eigenen Leben erfüllt – einer ruhigen Stärke, wie wir sie noch nie erlebt haben.

Und weil diese Stärke in Tat und Wahrheit Teil von Gottes Absichtlichkeit ist, die wie ein Saft durch unser eigenes Sein fließt, wird sie uns auf die rechte Art und Weise führen. Sie spült uns mit sich in den größeren Fluss göttlichen Lebens, während Gott Sich in Richtung der Erfüllung der göttlichen Absicht bewegt – und in den westlichen Religionen bewegt Sich Gott *tatsächlich* –, einer Absicht, die die tiefere, intensivere, feinere und intimere Offenbarung des Herzens Gottes ist.

Die Qualität der Lebendigkeit

In einem beeindruckenden Bericht aus ihrer Zeit in Afrika erzählt Tania Blixen davon, wie sie einst auf eine wunderschöne Schlange traf, die durch das Gras glitt; ihre Haut glitzerte in feinen, abwechslungsreichen Farben. Sie war dermaßen von ihr fasziniert, dass einer ihrer Hausangestellten die Schlange tötete und deren Haut zu einem Gürtel für sie verarbeitete. Doch zu ihrem Entsetzen war die vorher glitzernde Schlangenhaut jetzt nur noch stumpf und grau, einfach weil die Schönheit nicht in der physischen Haut, sondern ganz und gar in der Qualität der Lebendigkeit gelegen hatte.

Ich bediene mich dieser Geschichte, um sehr praktisch zur Frage nach Hoffnung und richtigem Handeln zurückzukehren. Christen ging es fast von Anfang an um die Mission, »einen neuen Himmel und eine neue Erde zu errichten«. Und doch müssen wir zugeben, dass diese neuen Himmel und neuen Erden Schicht für Schicht Schiffbruch erlitten und scheinbar nie sehr lange Bestand hatten. So häufig enden unsere größten Anstrengungen, das Reich von Frieden und Gerechtigkeit auf Erden zu fördern, in Burnout und Desillusionierung – und manchmal in weitaus misslicheren Gegenreaktionen. Das Himmelreich, so scheint es, ist niemals deckungsgleich mit einer irdischen Utopie. Auch der heilige Brendan musste diese Lektion lernen – jener irische seefahrende Mönch, von dem ich in Kapitel 1 erzählte. Sieben Jahre lang segelte er auf seiner Suche nach dem verheißenen Land der Heiligen im Kreis. Erst als sich in ihm ein inneres Auge öffnete, sah er, dass das von ihm gesuchte Paradies buchstäblich »direkt vor seiner Nase« lag. Doch es war eine Welt *in* einer Welt – nicht der physische Ort selbst, sondern eine Qualität der Lebendigkeit in ihm. Wie die Schlangenhaut bei Tania Blixen war das Land selbst nur die äußere Hülle; erst die darin tanzende Heiligkeit des Lebens erschuf die Schönheit.

Die alten Hebräer hatten eine sehr poitntierte Art, diese Heiligkeit des Lebens darzustellen. Sie nannten sie »Rechtschaffenheit« oder »Gerechtigkeit«, wie beispielsweise in Jesaia 31.1: »Siehe: Ein König wird nach Gerechtigkeit regieren«;[32] und in den Psalmen heißt es: »Meine Lebenskraft bringt Er zurück. Er führt mich auf Pfaden der Gerechtigkeit, getreu Seinem Namen« (23.3). Mit »Rechtschaffenheit« war keine moralische Vorlage gemeint, die sie nutzen konnten, um eine ideale Nachbildung von Gottes Reich zu errichten. Sie sprachen von einer energiegeladenen Sphäre – einem Kraftfeld, wie wir es heute bezeichnen würden –, in dem all ihre Pläne, Anstrengungen und Systeme sich bewegen mussten, um verwirklicht zu werden. Das Innerste und das Äußerste mussten total »synchron« sein. Wenn diese Synchronizität erreicht war, verfügte eine Person über »Reinheit des Herzens«; er oder sie war rechtschaffen – oder, um den Begriff in seiner genauen Übersetzung wiederzugeben, »in der Rechtschaffenheit Gottes«. Anderenfalls, aus der eigenen Rechtschaffenheit (also aus dem eigenen persönlichen Kraftfeld) heraus, konnte keine unternommene Anstrengung, egal wie schlau sie auch das äußerliche Handeln nachbildete, einen Wert haben, da das entscheidende Element fehlte: die Lebendigkeit Gottes, die sich darin bewegte.

Diese alte spirituelle Wahrheit stimmt heute noch genauso. Insofern wir fähig sind, schlicht und inniglich in »der Rechtschaffenheit Gottes« zu bleiben, sind wir auch imstande, uns als Akteure der Transformation hinaus in die Welt zu bewegen, als schöpferische Kanäle von Gottes eigenem exis-

32. בְּצֶדֶק »mit Recht«.

tenziellen Kurs in Richtung Zukunft. Und Hoffnung fließt präzise auf die Art durch uns hindurch, wie es Valentin Tomberg beschreibt: »Hoffnung ist das, was spirituelle Entwicklung in der Welt bewegt und lenkt.«

Gibt es hingegen eine Diskrepanz – wenn Mittel und Ziele nicht zusammenpassen –, so kommt es zu einer Unterbrechung des Flusses und die Energie wird ziellos. In einem älteren Stil christlichen sozialen Aktivismus', der ausschließlich auf äußere Ergebnisse abzielte, ist es möglich, diese Kollision zu übersehen; in einer Metaphysik allerdings, die auf eine *Qualität der Lebendigkeit* als Ort ausgerichtet ist, wo die Arbeit wirklich erledigt wird, ist die Dissonanz unmittelbar spürbar und unerträglich. Wenn ich sage, dass ich mich für den Frieden einsetze, selbst aber zornig und selbstgerecht bin, ist die Energie, die ich in die Atmosphäre bringe, Zorn und Selbstgerechtigkeit. Wenn ich komme und die Evangelien über die christliche Liebe predige, selbst aber streng und verurteilend bin, strahle ich Strenge und Verurteilung in die Atmosphäre aus.

Vom ersten Jahrhundert an verlief im Christentum eine verborgene, aber ausgeprägte Ader, die als die »innere Tradition« bekannt ist. Anders als der Mainstream, in dem auf die Richtigkeit der Lehre und die institutionelle Loyalität gepocht wird, liegt der Fokus der inneren Tradition direkt auf dem Weg des inneren Erwachens, wie ihn Christus lehrte und lebte. Diese Ader des Verstehens fließt vom Thomasevangelium durch die Wüstenväter und -mütter und die orthodoxen Mönche auf dem Berg Athos, tritt dann wieder auf im protestantischen Westen in den Lehren Jakob Böhmes und seinen Schülern, und setzt sich fort, um von Stimmen unserer Zeit, wie denjenigen von Valentin Tomberg und Helen Luke, wieder aufgenommen und vertreten zu werden. Spirituelle Lehren der inneren Tradition sind unnachgiebig hinsichtlich des Punktes, den ich soeben dargelegt habe. Die Energie, welche eine Handlung begleitet, ist objektiv real;

wirkungsvoll beeinflusst sie das Feld, in dem die Handlung vollzogen wird (sogar, wenn wir uns überhaupt nicht bewusst sind, was wir da aussenden), und wird sich letzten Endes durchsetzen. Eine mit falscher Energie ausgeführte richtige Handlung wird schließlich zur falschen Handlung. Und aufgrund dieser Diskrepanz zwischen Mittel und Ziel wird die Handlung letzten Endes entsprechend der Unterweisung Jesu aufgehoben, von der wir im Evangelium lesen können: »Jedes Reich, das in sich selbst gespalten ist, wird veröden und ein Haus ums andere stürzt ein (Lukas 11.17).«

Jakob Böhme beispielsweise insistierte ganz besonders auf diesen Punkt. Wo ich von »Rechtschaffenheit Gottes« spreche, äußert er sich über den »Willen Gottes«, doch die darunterliegende zentrale Botschaft ist dieselbe: Die Notwendigkeit nach einer präzisen Kongruenz von Mittel und Zielen. In *Christosophia: oder Der Weg zu Christo* lehrt er einfühlend:

> Kein Werk außer Gottes Willen mag Gottes Reich erreichen. [...] Was aus Schlüssen der menschlichen Selbstheit [...] geschieht [...], ist ein Spiegel des ringenden Rades der Natur, da Gutes und Böses miteinander ringet. Was das Gute bauet, das zerbricht das Böse; und was das Böse bauet, das zerbricht das Gute. Und dies ist der große Jammer der vergebenen Mühseligkeit.[33]

Böhme schrieb in Zeiten, die in religiöser Hinsicht unseren durchaus ähneln, am Ende des ersten Jahrhunderts der protestantischen Reformation, als sich die einst monolithische katholische Kirche in rivalisierende Glaubensgemeinschaften zersplitterte – und seine Worte glichen damals wie heute einem der katholischen Kirche hingeworfenen Fehdehandschuh. Wenn in der heutigen Welt das Mainstream-Christentum dauernd an Kraft und Glaubwürdigkeit einbüßt –

33. Jakob Böhme: *Christosophia: oder Der Weg zu Christo,* [1621], Amsterdam 1731, Seite 95.

eine Tatsache, der man sich heute einfach stellen *muss* –, dann frage ich mich, wie sehr dieser Niedergang mit dem Tatbestand zusammenhängt, dass schon so lange die Mittel nicht mehr mit den Zielen übereinstimmen. Wir predigen das eine Evangelium, und leben ein anderes. Und auch wenn dies auf eine bestimmte Art und Weise schon immer so war, tritt der Konflikt heute, im sicherheitsbesessenen Bewusstsein unserer Tage, ganz besonders deutlich hervor. Wir predigen vom Guten Samariter und verschließen unsere Kirchentüren. Wir predigen von den Lilien auf dem Felde und legen große Summen unseres monatlichen Gehaltsschecks für die Rente und allerlei Versicherungspläne zurück. Wir predigen Vergebung und Vertrauen und überprüfen im Hintergrund routinemäßig angehende Priester und Priesterinnen und Kirchenmitarbeiter. Was auch immer wir meinen, zur Wegbereitung des Reichs Christi beizutragen, was wir *tatsächlich* in die Atmosphäre pumpen, sind Angst, Gier, Stress, Macht und Kontrolle – also genau dasselbe wie jedwede andere Organisation. Kann es uns da wirklich verwundern, dass uns die Hoffnung im Stich lässt und die Kirche nicht ernstgenommen wird?

Die Kraft der Integrität

Wie bei Dorothy im *Zauberer von Oz* ist die Kraft allgegenwärtig und erwächst unverhofft aus unseren eigenen Beinen. Es ist die Kraft der Integrität. Wenn wir wirklich unseren Planeten verändern und ein Zeichen der Hoffnung in einer zerbrochenen Welt werden wollen, müssen wir lediglich (und es ist wirklich eine einfache Sache, aber sie ist dennoch alles) die Kluft zwischen den Mitteln und den Zielen verringern: zwischen den Evangelien, zu denen wir uns bekennen, und den Evangelien, die wir leben, von Augenblick zu Augenblick, in der Qualität unserer Lebendigkeit. Der heilige Franziskus, der heilige Antonius, Juliana von Norwich, Dorothy

Day, Mahatma Gandhi, Oscar Romero, Henri Nouwen: Haben nicht alle diese Heiligen und »diejenigen, die dort hingelangt sind«, uns genau in dieselbe Richtung gewiesen, zur Kraft einfacher Integrität? Rafe sagte: »Keine bewusste Handlung ist jemals verschwendet.« Keine einheitliche, konsistente Energie, die durch das Schließen der Kluft zwischen den Mitteln und den Zielen generiert wird, verfehlt es, die Welt zu verändern.

Jemand, der in unseren Tagen diese Wahrheit hervorragend verwirklichte, war Bruder Roger Schulz, der Gründer der Gemeinschaft von Taizé im Südosten Frankreichs – einem Ort, den man »ein kleines Wunder« genannt hat. Jedes Jahr strömen Zehntausende von Menschen aus allen Teilen der Welt, insbesondere junge Leute, dorthin, um gemeinsam zu beten und die Bibel zu lesen. Sie leben in barackenartigen Unterkünften oder Zelten, essen einfache Kantinennahrung und wechseln sich ab bei der anstrengenden Küchenarbeit, Reinigung, Wartung und Betreuung, damit diese Armee von Pilgern weitermarschieren kann. Man findet keinen Schnickschnack und man macht keine Abstriche; es ist ein reines evangelisches Christentum. Und in dieser Atmosphäre von Einfachheit, Dienst und tiefem Gebet strahlt das Christuslicht besonders hell.

Jedes Jahr verbringen die Brüder dieser Gemeinschaft, heute sind es mehr als neunzig an der Zahl, einige Zeit abseits vom klösterlichen Leben unter den Ärmsten der Welt. Sie gehen nicht zu ihnen, um sich in Arbeitsprojekten zu engagieren oder gar zu lehren, sondern einfach nur, um unter den Armen »ein Zeichen der Hoffnung« zu sein. Das Geschenk, das sie mitbringen, ist nur das Geschenk ihrer Gegenwart. Aber weil diese Präsenz ihre Wurzeln im tiefsten Grund von Integrität und Liebe hat, kann sie nicht anders hervorfließen denn als reine Hoffnung.

Ich weiß etwas über die Kraft dieser Gegenwart, weil es eine kurze Begegnung mit Bruder Roger Schulz vor ungefähr dreißig Jahren war, die mich auf den christlichen Pfad brachte. 1973 fuhr ich als junge Doktorandin zur Riverside Church nach New York City, um Bruder Rogers Ansprache am Trinity Institute zu hören. Ich war dermaßen bewegt von seinen schönen, einfachen Worten des Gebets, dass ich mich am Ende seines Vortrags wie gegen meinen Willen in der großen Menschenmenge wiederfand, die nach vorne strömte, um ihn kennenzulernen.

Die Welle der Menschen schob mich in seine Richtung und meine Panik wuchs. Was sollte ich denn sagen, wenn ich tatsächlich dort war? Würde ich versuchen, ihm innerhalb von dreißig Sekunden alles über mich zu erzählen? Oder womöglich das Gegenteil: Würde ich dort stehen und aufgeregt und mit gelähmter Zunge seine Zeit verschwenden?

Die Menschenschlange wand sich nach vorne und plötzlich stand ich da in seiner Präsenz. Und dann geschah etwas, mit dem ich niemals gerechnet hatte und was mein Leben für immer verändern sollte. Er schaute mich mit seinen schönen blauen Augen an und fragte mit Zartheit: »Wie heißt du?«

»Cynthia«, antwortete ich.

»Was für ein schöner Name«, sagte er und blickte tief in mich hinein und durch mich hindurch, in Tiefen, von deren Existenz ich bislang nichts gewusst hatte. Während der folgenden dreißig Sekunden hatte ich seine volle Aufmerksamkeit – vielleicht geschah mir dies zum ersten Mal in meinem Leben, vielleicht erlebt ich zum ersten Mal, was es bedeutete, bedingungslos geliebt zu sein. Mit einem Herzen, das vor Hoffnung überfloss, verließ ich diese Begegnung und im Jahr darauf ließ ich mich taufen. Der Grund dafür lag nicht in dem, was er gesagt hatte – es war nur die Kraft seiner Präsenz, seine vollständige Durchsichtigkeit zur Liebe hin. Die Gemeinschaft von Taizé mag ein Wunder sein, aber es existiert kein Geheimnis hinter diesem Wunder: Im Herzen ihres Gründers waren tiefes Gebet und mitfühlendes Handeln zu einem Ganzen verschmolzen.

Und dies bringt mich wieder zurück zum Punkt, mit dem dieses Kapitel begann: die unaufrichtige und schädliche Dichotomie zwischen Innerem und Äußerem, zwischen Kontemplieren und Handeln. Denn was uns vom einheitlichen Handeln zurückhält, ist Angst; und Angst, wie wir in Kapitel 3 gesehen haben, ist das unvermeidbare Produkt des Gefangenseins in diesem kleineren, isolierten Selbst, im »egoischen Bewusstsein«. Es braucht enormen Mut, das christliche Evangelium zu leben, das in seiner Quintessenz ein Weg des »Stirb, bevor du stirbst« ist. Und es braucht kolossale Beherztheit, in Hoffnung voranzuschreiten, wissend, »ob wir leben oder ob wir sterben, wir gehören dem Herrn« (Römerbrief 14.8). Dieser Mut liegt jenseits der Fähigkeit des Egos, und ein Christentum, das nur aus dem tiefen Ego heraus gelebt wird, betrügt sich letzten Endes selbst.

Doch auf einer kontemplativen Reise, da wir hinunterschwimmen in jenes tiefe Gewässer in Richtung der Quelle von Hoffnung, beginnen wir zu erleben und dem zu vertrauen, was es bedeutet, das Selbst abzulegen, unser gängiges Bewusstsein loszulassen und uns selbst der Barmherzigkeit Gottes zu ergeben. Und wenn die Hoffnung, die tief in uns verborgene Quelle der Barmherzigkeit, in dieser Berührung befreit wird, aus dem Zentrum herausfließt und uns mit der Fülle von Gottes eigener Absicht erfüllt, die sich selbst in die Handlung hineinlebt, werden wir in uns selbst diesen geheimnisvollen Überfluss entdecken, um das ins Handeln hineinzuleben, was unser normales Herz und unser normaler Verstand nicht zu schaffen vermögen. Das Anzapfen der tief verborgenen Wurzeln des Ganzen, dort, wo alles in der Barmherzigkeit zusammengehalten wird, befreit uns aus den Klauen persönlicher Angst und lässt uns mit »geschickten Mitteln« und wahrhaftigem Mitgefühl für eine Welt sorgen, die dieser erneuerten Verbindung so verzweifelt bedarf.

Hoffnung ist weder imaginär noch illusorisch. Sie ist das Sonar, das den Leib Christi zusammenhält und ihn seinen

Weg finden lässt. Wenn wir, als lebendige Glieder des Leibes Christi, unsere Herzen hingeben, wieder in Rechtschaffenheit gelangen und mit ganzer Kraft auf dieses Sonar hören können, wird es uns, als Individuen wie als Gemeinschaft, wieder der Zukunft entgegenführen, für die wir bestimmt sind. Und der Leib Christi wird leben und gedeihen und uns zärtlich in unserer Zugehörigkeit bewahren.

Fragen und Antworten[34]

34. Dieses Kapitel ist eine Transkription eines einstündigen Interviews mit der Autorin im Rahmen einer Frage-und-Antwort-Runde zum Abschluss ihres Online-Kurses "Mystical Hope Today" aus dem Frühjahr 2023 auf dem interreligiösen Webportal Spirituality & Practice, der zu großen Teilen auf den Inhalten dieses Buches basierte. Die Fragen aus dem Kreis der Teilnehmerinnen und Teilnehmer werden zusammengefasst und gestellt von Mary Ann Brussat, der Mitbegründerin des Webportals.

Frage: Dieser Kurs trägt den Titel »Mystische Hoffnung«, und nicht bloß »Hoffnung«. Es gibt also neben der Hoffnung auch die mystische Hoffnung. Vielleicht wäre es sinnvoll, mit einer sehr grundlegenden Frage zu beginnen: Was ist mit diesem Zusatz »mystisch«, oder mit dem Begriff »Mystik« überhaupt, gemeint? In deiner Biografie steht, du seist eine »moderne Mystikerin«. Wie unterscheidest du heutige Mystik von jener der Vergangenheit, und gibt es besondere Herausforderungen oder Notwendigkeiten vor die sich eine heutige Mystik gestellt sieht? Sind wir alle dazu aufgerufen, Mystikerinnen und Mystiker zu werden, und wenn ja, warum? Oder geht es um etwas anderes, wenn wir von »mystischer Hoffnung« sprechen? Könntest du also skizzieren, was Mystik ist?

Ein Denken auf Basis von imaginativer Kausalität

Cynthia Bourgeault: Zuallererst möchte ich sagen, dass ich mich selbst nie als »moderne Mystikerin« bezeichnet habe. Dieses Etikett – ich nehme an, mit einem solchen Begriff lassen sich mehr Bücher verkaufen – wurde mir von einem ambitionierten Werbetexter angeheftet und irgendwie ist es kleben geblieben.

»Mystik« war seit jeher ein problematischer Begriff in unserem Vokabular, weil es praktisch unmöglich ist, das Wort ohne Projektionen zu hören; und diese Projektionen sind überaus vielfältig. Ich erinnere mich noch gut an einen Lehrerkollegen an der Vancouver School of Theology, der vehement gegen Mystik eingestellt war und sagte, sie sei lediglich eine Ausrede für verschwommenes Denken. Sehr verbreitet ist eine Art Pop-Vorstellung von Mystik: Jemand beginnt, mit Gott zu kommunizieren, erlebt eine Erfahrung des Einsseins und kommt, zusammenhangloses und unverständliches Zeugs stammelnd, aus dieser Erfahrung zurück, als hätte sich sein Hirn während dieses intimen Zusammenseins mit Gott gänzlich besoffen. Diese Art Vorstellungen sind, wie ich finde, romantisierende Einschätzungen der dabei ablaufenden Grundprozesse.

Meiner Meinung nach – und ich will gerne hinzufügen, dass mein Zugang zu diesem Thema im Laufe der Zeit immer »technischer« geworden ist – bedeutet Mystik vor allem ein Denken auf Basis von imaginativer Kausalität. Anders ausgedrückt: ein Denken, das nicht den linearen und logischen Gesetzen dieser Welt unterworfenen ist, sondern vielmehr den höheren Welten folgt und in dem verankert ist, was Gurdjieff[35] das »Gefühlszentrum« nannte, wodurch wir über sogenannte sympathische oder Saitenresonanz in Einklang kommen und das »Denken« in einer weniger linearen und folglich wesentlich schnelleren Geschwindigkeit arbeitet, als es bei unserem üblichen rationalen Verstand der Fall ist. Beim mystischen Denken, also dem Denken mit dem Gefühlszentrum, ist es fast so, als ob es zu einem direkten Download von Information kommt. Ich spreche hier aber nicht von einer Art Channeling, sondern davon, dass wir diese Information sehr, sehr schnell und in einer hohen Dosis erhalten. Die meisten großen innovativen theologischen Denker und Denkerinnen haben meiner Ansicht nach auf diese Art gedacht.

Mystik wird gerne damit assoziiert, dass jemand Gott besonders nahe sei, sich sozusagen auf einer inneren Spur befinde. Ich glaube, diese Vorstellung sentimentalisiert fälschlicherweise die Mystik, was letztlich dadurch erklärbar ist, dass mystisches Denken tatsächlich »herzzentriert« ist

35. Siehe Fußnote 36, Seite 89.

(wenn man denn diesen Ausdruck verwenden will), da das Herz das Organ für diese höhere und schnellere spirituelle Wahrnehmung ist. Viele Leute erkennen den Zusammenhang nicht oder übersehen die Tatsache, dass diese eben erwähnte Intimität mit Gott eigentlich jedem Menschen offensteht.

Meine Antwort auf die Frage, ob wir heutzutage alle dazu aufgerufen sind, Mystiker zu sein, lautet also definitiv: Ja. Und zwar insofern, als dass wir alle eingeladen sind, hinter das Äußerliche, das Vordergründige der Dinge zu schauen. Lineare Kausalität folgt einer Logik, die einfach zu langsam ist, um dem Ausmaß und der Geschwindigkeit göttlicher Einsicht zu folgen und diese in sich aufzunehmen. Was es schwierig macht, ist, dass viele die Mystik als eine seltene, besondere Gabe betrachten und glauben, einige Menschen würden über dieses Geschenk verfügen und andere nicht, was dann einen gewissen Neid entstehen lässt auf diejenigen, die von dieser mystischen Berührung »ergriffen« werden und als eine Art »Gotteskenner« aufs Podest gestellt werden. Ich denke aber, wir sprechen unterschiedliche Sprachen, und das aus gutem Grund. Denn die Sprache der Mystik redet vom Erkunden, vom Vertrauen und von der Stabilisierung der Tiefe unserer eigenen Beziehung mit jener Welt, welche nicht sichtbar ist und nicht reduzierbar auf Logik und Denotation. Mystik ist im Wesentlichen eine Einladung, unser Herz auszudehnen zu einem Organ spiritueller Wahrnehmung, sodass wir viele Dinge erkennen können, die andere übersehen.

Dieser ganze Online-Kurs »Mystische Hoffnung heute« ist im Prinzip eine Reise, die uns tiefer ins mystische Denken führt. Es ist eine Freude festzustellen, wie viele von euch entdeckt haben, dass all das schon längst in euch gesteckt hat, und wie diese wunderbaren Geschichten, die ihr mit uns allen geteilt habt, eure eigenen Quellen, euer eigenes Selbst ans Tageslicht gebracht haben. »Oh, ich habe dies alles bereits gewusst, allerdings war mir nicht klar, dass ich es wusste.« Das ist Mystik. Es ist ein etwas überladenes Wort für das wachsende intuitive Vertrauen in unsere eigene Beziehung zum Erhabenen.

Frage: Du hast von der »imaginativen Welt« gesprochen. Das ist ein Begriff, der jenen etwas vertrauter sein dürfte, die sich intensiver mit islamischer Mystik auseinandergesetzt haben. Du hast auch eine »Welt der Barmherzigkeit« erwähnt und bezogst dich dabei auf das intelligible Universum der griechischen Patristen. Ist mystische Hoffnung demnach eine Nuance davon?

Cynthia Bourgeault: Mystische Hoffnung leitet sich von der Fähigkeit ab, sich innerhalb dieser Bandbreite zu bewegen. Ob diese nun als »intelligibel« oder als »imaginativ« bezeichnet wird, spielt keine Rolle, das sind bloß Namen. Doch wie Teilhard de Chardin bemerkte (und in einem meiner Vorträge dieses Kurses ging es genau darum), erfordert es ein gewisses Maß an Vorbereitung, an Disziplin und an intuitivem Verständnis, sich in einer schnelleren Geschwindigkeit bewegen und die Innerlichkeit der Dinge einfangen zu können. »Imaginative Welt« und »intelligible Welt« sind in gewissem Sinn Metaphern zur Beschreibung eines bestimmten Bereichs der Wirklichkeit, der sich in einem erhöhten Grad von Resonanz, Kohärenz und Lichtstärke bewegt.

Barmherzigkeit ist Gnade in einem Zustand kontinuierlichen Ausdrucks

Frage: »Gnade« und »Barmherzigkeit« sind ebenfalls Begriffe, die bei Teilnehmenden zu Fragen geführt haben. Zum Beispiel: Könnte man sagen, dass beide von derselben Qualität sind, das eine jedoch eine Teilmenge des anderen ist? Gnade scheint verschwenderische Barmherzigkeit zu sein, wie wir es etwa bei der Köchin Babette im Spielfilm *Babettes Fest* sehen.

Gnade wäre demnach Barmherzigkeit, die nicht an die Regeln des Austausches gebunden und der Agape, der göttlichen Liebe, ebenbürtig ist. Wie verhält es sich mit dem fluiden Austausch von Wahrheit und Barmherzigkeit oder Gnade? Ist Wahrheit im höheren intellektuellen Zentrum angesiedelt und Barmherzigkeit im höheren Gefühlszentrum? Können beide die höhere Schöpfung vereinigen?

Cynthia Bourgeault: Solche Fragen entspringen offensichtlich einem Denken des Vierten Weges.[36] Ich will versuchen, darauf einzugehen, möglichst ohne den Eindruck zu erwecken, ich bediente mich der Geheimsprache eines »Privatclubs«, die Außenstehende vielleicht nicht verstehen könnten. Denn so ist es ganz und gar nicht. Doch tatsächlich trifft es den Nagel auf den Kopf, wenn hier angenommen wird, dass Wahrheit mit dem höheren intellektuellen Zentrum zu tun hat und Barmherzigkeit mit dem höheren Gefühlszentrum, mit dem Gefühlstonus. Was Barmherzigkeit und Gnade betrifft...

Übrigens ist für mich das Wichtigste, und ich ermutige alle dazu, unverkrampft an die Sache heranzugehen. Die Art, wie man solche »Probleme« löst, besteht darin, sich ihnen voll und ganz zu widmen und gleichzeitig zu wissen, dass es keine richtige Antwort gibt wie etwa in der Algebra. Wenn wir die Dinge reflektieren, in unserem Herzen mit ihnen rin-

36. Der griechisch-armenische Mystiker und Lebenslehrer Georges Iwanowitsch Gurdjieff (1866–1949) bezeichnete seine Lehren als »inneres Christentum« oder den »Vierten Weg« in Unterscheidung zu den traditionellen Wegen des Fakirs (»Erster Weg« des Kampfes mit dem physischen Körper), des Mönchs (»Zweiter Weg« des Glaubens und des religiösen Gefühls) und des Yogis (»Dritter Weg« des Wissens und des Denkens). Der Vierte Weg ist der Weg des Verstehens und propagiert die gleichzeitige harmonische Entwicklung aller Aspekte des menschlichen Wesens. Er verläuft nicht in Zurückgezogenheit, sondern mitten im normalen Alltagsleben und verlangt von einem Menschen, der ihn geht, dass er – außer unter Anleitung eines erfahrenen Lehrers – nichts tun darf, was er nicht wirklich versteht [A. d. Ü.].

gen und unsere eigene Beziehung zu diesen Begriffen aufbauen, werden sie für uns lebendig. Es geht hier also nicht um die Frage, ob ich die richtige oder die falsche Antwort habe.

... bin ich persönlich der Ansicht, dass eines der Probleme beim Verständnis von Gnade darauf zurückzuführen ist, dass sie in weiten Teilen des Christentums als eine ungewöhnliche, sehr seltene Intervention aufgefasst wird. Üblicherweise stellt man es sich in etwa so vor: Wir gehen unserer Wege und ganz plötzlich fällt die Gnade vom Himmel und wirft uns einen Sack Goldtaler genau in dem Moment vor die Füße, wenn wir voller Sorgen sind, wie wir unsere nächste Miete bezahlen sollen. Christen glauben oft, wir hätten es bei der Gnade mit etwas absolut Besonderem zu tun, das herabrauscht, in den Lauf der Dinge eingreift, uns vor etwas beschützt oder uns situativ verankert und dann, wenn es seinen Job erledigt hat, wieder irgendwie verschwindet. Ich würde sagen, Barmherzigkeit ist gleichsam Gnade in einem Zustand kontinuierlichen Ausdrucks. Der Zustand der Gnade und der Zustand der Barmherzigkeit sind für mich in jeglicher Hinsicht funktional gleichwertig. Weil wir innerhalb von etwas leben, das zart und warmherzig ist, unsere Defizite, Ängste und Bedürfnisse kennt und immer bereitsteht, die Hand nach uns auszustrecken und uns zu helfen. Ich würde sagen, das ist der einzige Hauch eines Unterschieds zwischen Gnade und Barmherzigkeit.

Das Wort »Barmherzigkeit« trägt ein reiches Erbe der Hingabe

Frage: In einem deiner Kurs-E-Mails sprichst du davon, dass mit dem Wort »Barmherzigkeit« eine Menge Ballast verbunden sei. Auch eine Teilnehmerin fühlt sich damit etwas unbehaglich; sie denkt, dass es irgendwie unvollständig sei, und fragt, ob es vielleicht einen anderen Begriff gibt, der etwas offener ist und jenen Aspekt des »Schoßes« beschreibt, über den du gesprochen hast.[37] Ein Wort also, das diese Unvollständigkeit etwas beheben würde.

Cynthia Bourgeault: Das ist eine Frage, die typisch ist für unsere Zeit, in der so viele der schönen Ausdrücke spiritueller Praxis in Modelle von Macht, Autorität, Scham und Schuld gezwungen werden. Das ist bedauerlich. Klar könnten wir einfach ein neues Wort einführen, das allen genehm ist, eines das »sauber« und antiseptisch klingt, weit und geräumig. Aber damit würden wir unsere Verbindung zu einer außerordentlich reichen Tradition kappen. Im Wort »Barmherzigkeit« hören wir dagegen die tiefgründenden Pfeiler der griechisch-orthodoxen Kirche, wenn das »Herr Jesus Christus, erbarme dich meiner« im Jesusgebet erklingt, das Kyrie eleison, und das Gefühl von Gottes Erbarmen mit mir spürbar wird, von dem Jacques Lusseyran so häufig spricht. Dieses Wort trägt ein reiches und tiefgründiges Erbe der Hingabe; es beinhaltet etwas von dieser wunderschönen schöpferischen Weite. Falls wir tatsächlich ein »besseres« Wort fänden, würden wir all das abschütteln. Wir würden eine lange Tradition abschneiden, die existiert und die unseren persönlichen christlichen Weg vertieft. Früher oder später werdet ihr darauf stoßen; ihr werdet das Herzensgebet entdecken. Praktisch alle wachsenden oder sich weiterentwickelnden Christen tun dies. Und ihr entdeckt das echte höhere Gefühlszentrum, die Lebendigkeit des Wortes »Barmherzigkeit«.

Gleichwohl würde ich denjenigen, die Mühe mit diesem Wort haben, empfehlen, sich – quasi als Rettungsring – für den Moment an den Begriff »Schoß« zu halten und das Wort »Barmherzigkeit« zu belassen, wie es ist. Mal schauen, ob es nicht möglich ist, langsam aber sicher jene zeitgenössischen

37. Die Autorin meint damit »unsere vom Erbarmen Gottes umgebene Existenz im Uterus der Erde«. Der islamische Gottesname *ar-Raḥīm,* »der Barmherzige«, bedeutet gleichzeitig »der Schoß« oder »der Mutterleib« [A. d. Ü.].

Reflexe umzuprogrammieren, die diese schlechten Assoziationen auslösen, und uns die spirituellen Schätze zurückzuholen, die in der Welt existieren. Falls dieses Vorgehen absolut nicht in Frage kommt, sollte man es besser sein lassen. Ich denke, dann sollte man ein Wort finden, das einem genehm ist und es als Platzhalter benutzen. Doch sollte man das Wort »Erbarmen« nicht vergessen, nicht einfach aufgeben und meinen, es sei kompromittiert und gehöre ersetzt. Vielleicht muss man es einstweilen tatsächlich durch einen Platzhalter ersetzen, ja. Es gibt rund um die Bedeutung dieses Wortes so viel an Verwundungen in unserer Kultur, doch dessen ungeachtet: Legen wir es nicht für immer beiseite!

Bewusste Arbeit und absichtliches Leiden

Frage: Weitere Begriffe, die bei den Teilnehmenden Fragen aufgeworfen haben, sind »bewusste Arbeit« und »absichtliches Leiden«, Ausdrücke, die aus der Gurdjieff-Arbeit stammen. Diese Begriffe üben eine Faszination aus und scheinen für einige eine Art Anleitung zu beinhalten. Es gibt zwar viele Übungen in diesem Zusammenhang, doch wie kann man tiefer in dieses Thema eintauchen und welche Bedeutung haben diese Praktiken für die Anwendung im Alltag?

Cynthia Bourgeault: Es berührt mich, wenn diese Leitgedanken bei jemandem Anklang finden, denn auch sie sind wahre Schätze. Manchmal versuche ich, sie den Menschen näherzubringen, indem ich sie als eine Art Joysticks beschreibe, mit denen wir in einem spirituellen Raumschiff um das spirituelle Universum herumnavigieren.

»Bewusste Arbeit« lässt sich mit jeder Art von Übung kombinieren, die uns ermutigen und lehren soll, unsere Aufmerksamkeit unter der Kontrolle unserer Willenskraft zu halten. Sodass wir nicht dauernd ziellos in Tagträumen und wie auf Autopilot dahinschweben, sondern uns zu sagen vermögen: Bleib aufmerksam, treib nicht davon! Sodass sich etwas in uns ansammeln kann und wir in Bezug auf etwas Bestimmtes eine Entschlossenheit entwickeln und unsere Substanz nicht so leicht verrinnt. »Bewusste Arbeit« bedeutet eine Verpflichtung, die eigene Aufmerksamkeit in einem Zustand der Gegenwärtigkeit zu halten, sodass man wirklich da sein kann, wo man ist, und in einem bewussten Zustand interagiert und nicht dauernd »abgemeldet« ist.

»Absichtsvolles« oder »absichtliches Leiden« wiederum hat eine Menge damit zu tun, was ich insbesondere im Zusammenhang mit der »stellvertretenden Liebe« angesprochen habe, sowie mit den Übungen der Hingabe oder des Sich-Ergebens, bei denen man in gewisser Weise willentlich eine bestimmte Bürde oder Last übernimmt mit der Absicht, jene scheinbar so unausrottbare Planck-Konstante des Leides mitzutragen, die quasi eingewoben ist in die Struktur alles Geschaffenen. Absichtliches Leiden ist etwas ganz anderes, als wenn die Dinge gerade wieder mal unserem eigenen emotionalen Programm für Glückseligkeit zuwiderlaufen (was in der Gurdjieff-Arbeit manchmal »dummes Leiden« genannt wird). Absichtliches Leiden bedeutet, dass wir relativ frei und nicht-identifiziert sind, uns aber dennoch dazu entscheiden, die Last eines anderen Menschen zu tragen. Wir müssen es also nicht tun. So wie in der Übung, der wir uns am Montag gewidmet haben: Einige Teilnehmerinnen des Kurses haben sich wunderschöne, freiwillige Übungsthemen ausgesucht, mit denen sie nichts für sich selbst erhofft und niemanden manipuliert haben. Und trotzdem fühlt es sich auf eine ganz tiefgründige Art befriedigend an, füreinander und für das Leben auf diese Weise gegenwärtig zu sein.

Es sind also die Hingabe und die Aufmerksamkeit, die uns antreiben, wenn wir auf unserer spirituellen Reise navigieren – nach vorne, nach oben und nach unten, nach rechts und nach links. Wir brauchen beides. Wir können uns nicht für das eine entscheiden und das andere ausschließen. Ausführlich habe ich darüber in meinem Buch *Das Auge des Herzens* geschrieben.[38] Außerdem finden Interessierte mehr darüber in meinem Online-Kurs »Spirituelle Übungen aus der Gurdjieff-Arbeit«,[39] den ich, obwohl ich ihn bereits vor einigen Jahren gehalten habe, noch immer sehr hilfreich finde. Denn die meisten Leute, die sich entscheiden, sich in den Vierten Weg wirklich zu vertiefen, sind schnell entmutigt, wenn sie auf dieses riesige Konvolut abstrus anmutender Bücher mit scheinbar sehr kopflastigen Ideen stoßen und sich dann fragen: Woher soll man eigentlich wissen, ob das alles wahr ist?

Mir persönlich gelang der Zugang über die Übungen und ich bin überzeugt, es sind die Übungen, die dieses Werk ausmachen. Gurdjieff hatte im Grunde genommen versucht, Achtsamkeit zu lehren, und zwar einhundert Jahre, bevor der Begriff als solcher überhaupt auftauchte. Seine Übungen waren ein früher Anlauf dazu. Die Übungen, über die ich viel geschrieben und unterrichtet habe, sind wirklich großartig. Wenn sich jemand damit auseinandersetzen möchte, findet man im Internet alles, was man über Gurdjieff wissen will. Allerdings empfehle ich, sich bei ihm anfangs mit einem klar umrissenen Bereich, wie etwa mit den Übungen, auseinanderzusetzen.

Von der Hoffnung als Objekt zur Hoffnung als Subjekt

Frage: In der Lektion »Hoffnung und Zukunft« sprachst du von den Möglichkeiten, die in einem Perspektivwechsel von der Hoffnung als Objekt zur Hoffnung als Subjekt liegen. Kannst du dies noch einmal für uns darlegen?

38. Cynthia Bourgeault: *Das Auge des Herzens: Eine spirituelle Reise ins Reich des Imaginativen,* Xanten: Chalice Verlag, 2021.

39. https://www.spiritualityandpractice.com/ecourses/course/view/181/spiritual-practices-from-the-gurdjieff-work.

Cynthia Bourgeault: Die Schwierigkeit, diese perspektivische Wende zu verstehen, ist sprachlich begründet. Beide Wörter haben mindestens zwei komplett unterschiedliche Bedeutungen. Abhängig von der Tradition, in der man arbeitet, kollidieren sie manchmal miteinander und verheddern sich.

Auf eine ganz simple Art, die uns allen aus der Grammatik vertraut ist, lässt es sich wie folgt erklären: Das Subjekt ist jemand oder etwas, der oder das handelt, und das Objekt ist jemand oder etwas, an dem die Handlung vollzogen wird. So werden diese beiden Begriffe im Allgemeinen erklärt. In unserer herkömmlichen Art des Denkens tendieren wir dazu, von diesem inneren Gefühl der Subjektivität, von diesem »Ich«, wer oder was auch immer das sein mag, (hin)auszugehen und mit den Objekten (da draußen) zu interagieren. Wir können diesen subjektiven Pol, diese sonderbare Innerlichkeit, zwar spüren, aber nicht wirklich dingfest machen. Du weißt nicht, was dein Ich ist, aber du weißt, dass es da ist. Diese Subjektivität ist sehr eng verbunden mit dem Sitz unserer Lebendigkeit, und die Objekte sind all die Dinge da draußen in der Welt, außerhalb von uns.

Wenn wir nun auf unserer spirituellen Reise voranschreiten, treffen wir ab einem bestimmten Punkt auf Lehrerinnen oder Lehrer, die uns sanft in die Richtung von etwas weisen, das sie als »non-duales Bewusstsein« bezeichnen. Sie bringen die Menschen dazu zu lernen, diese Subjekt-Objekt-Polarität zum Einsturz zu bringen und nicht länger einfach nur durch diese zweigeteilte Brille zu schauen: Was ich im Inneren bin, schaut auf die Welt dort draußen. Stattdessen lernen wir, einen Bereich der ungeteilten Aufmerksamkeit zu halten, ohne diesen in individuelle Teile und Splitter zu zerbrechen. In dieser Konfiguration können wir das Ganze wahrnehmen, in dem ich mich selbst wandle, also das Subjekt sich verändert. Beatrice Bruteau, eine der großen metaphysischen Lehrerinnen, die versucht hat, von der westlichen Philosophie her eine Brücke dazu zu bauen, sagt, dass die Subjekt-Objekt-Dichotomie am subjektiven Ende zusammenbricht, sodass alles zu einer Ausdehnung wird, die nicht mehr »ich« oder »mein« sein kann, sondern nur noch eine umfassende Gegenwart. Das ist die eine Art, in der diese Begriffe benutzt werden.

Um das Ganze aber noch etwas verwirrender zu machen: Normalerweise setzen wir, wenn wir über die Begriffe »subjektiv« und »objektiv« sprechen, manches Objektive mit der wissenschaftlichen Methode gleich. Und dieses interpretieren wir dann als etwas, das außerhalb von uns ist, das nicht von uns beeinflussbar ist. Wenn wir dann versuchen, objektiv zu sein, bemühen wir uns, all unsere subjektiven Gefühle auszuschließen. So wurde ursprünglich die ganze wissenschaftliche Methodik begründet und die wissenschaftliche Revolution angestoßen. Aber beispielsweise die Poesie oder die Beat-Generation verabscheuten diesen Gedanken und setzten zum Gegenangriff an; sie wandten ein, es sei absolut unmöglich, objektiv zu sein. Heisenberg sagte dazu: »Ihr glaubt doch wohl nicht, dass ihr mit der Welt interagieren könnt, ohne sie zu verändern. Vergesst das, Leute!« Dieses ganze Konzept einer strikten wissenschaftlichen Objektivität ist stark unter Druck geraten und bricht in einer dialektischen Welt zusammen.

In den inneren Traditionen des Erwachens hingegen, und dies ist eine weitere Ebene der Komplexität dieser Begriffe, neigt man dazu, der Subjektivität die Bedeutung von etwas Persönlichem, etwas Beschränktem zu verleihen, das stark durch die Gefühle beeinflusst wird, durch unser alltägliches Selbstgefühl, durch unsere Meinungen, durch unsere Vorlieben und unsere Voreingenommenheit. Gemäß dieser Sicht hat das Objektive, etwa objektive Wahrheit oder objektive Liebe, keine Eigeninteressen und steht nicht unter dem Einfluss dessen, was man persönlich will und braucht. Dadurch können wir klarer sehen, weil wir das Bild nicht ständig neu zu kalibrieren brauchen, damit es das reflektiert, was wir selbst wollen. Auf diese Weise wird für uns ein größerer Anteil der Wahrheit sichtbar und wir beginnen, in Übereinstimmung mit Gesetzen zu sehen, deren Ursprung in Welten liegen, die feiner sind als die unsrige. Wenn wir also Begriffe wie »objektive Liebe« hören, ist damit keine kalte, klinische Liebe gemeint, sondern eine Liebe, in der es nicht um die eigenen Erfordernisse oder subjektiven Bedarfe geht. Diese Liebe kann unvoreingenommen lieben, sie ist von keinen sie stimulierenden Objekten abhängig. Diese Liebe liebt, weil sie liebt. Viele von euch, die an diesem Kurs teilgenommen haben, konnten den Geschmack dieser objektiven Liebe zum Beispiel wahrnehmen in den Aufgaben und in den Lasten, die ihr im Rahmen der Übung des absichtsvollen Leidens übernommen habt.

Um dieses Thema abzuschließen: Die Verwendung der Begrifflichkeiten »Subjekt« und »Objekt« kann sehr verwirrend sein, je nachdem, in welchem Zusammenhang sie auf welchem Spielfeld genutzt werden. Teil unserer anstrengenden Arbeit ist es, schnell genug zu erkennen, in welchem Kontext gerade gesprochen, auf welchem Feld gerade gespielt wird.

Alles ist von höchster Wichtigkeit und herrlichster Unwichtigkeit

Frage: Sind unsere Entscheidungen wichtig, haben sie überhaupt eine Bedeutung? In den Lektionen, in denen du über die Fülle der Zeit und die stellvertretende Liebe gesprochen hast, nahmst du vor allem den Film *Babettes Fest* und daraus insbesondere die Rede General Löwenhjelms als Beispiel, um dieses schwierige Thema zu erläutern. Im besagten Handlungsstrang des Films geht es um einen eigentlich schwachen Mann, den General Löwenhjelm, der in seiner Jugend glaubte, eine schwierige Entscheidung treffen zu müssen, nur um

Jahre später herauszufinden, dass seine Entscheidung keinerlei Bedeutung hatte. In seiner abschließenden Analyse scheint Löwenhjelm folgerichtig zu verneinen, dass unsere Entscheidungen irgendeine Relevanz haben könnten, wenn er sagt, die Barmherzigkeit sei grenzenlos und sogar das, was wir abgelehnt haben, werde zu uns zurückkehren und uns erneut gegeben werden. Andererseits scheint mit der Aufforderung der Sufis »Stirb, bevor du stirbst« verbunden zu sein, dass wir Augenblick für Augenblick Entscheidungen treffen sollen (worüber auch Ladislaus Boros in seinem wichtigen Buch *Mysterium mortis* schreibt).[40] Deine eigene Auslegung, Cynthia, geht dahin, dass der innere Mensch nicht bloß die gereifte Frucht dessen ist, was wir auf unserer persönlichen Lebensreise erfahren, sondern eine alchimistische Transformation davon. Die Frage zielt also darauf ab, ob wir uns der Hoffnung bemächtigen und sie in einem kontemplativen Leben nutzen und wie wir mit unseren Entscheidungen umgehen sollten.

Cynthia Bourgeault: Das ist eine sehr, sehr gute Frage, welche herrliche Bereiche spiritueller Feinheit berührt. Ich erinnere mich an meinen monastischen Lehrer Bruno Barnhart, diesen wunderbaren Weisen aus dem Karmeliterorden im Kloster New Camaldoli Hermitage in Big Sur, Kalifornien, der mir einmal Folgendes geschrieben hat: »Wir gehen durch unser Leben mit der Vorstellung, alles hinge von bestimmten Entscheidungen ab, davon, ob wir an einer Weggabelung diese oder jene Richtung einschlagen, ob wir diese oder jene Berufswahl treffen würden und so weiter. Aber bei allen Entscheidungen«, sagt er, »ist auch Verlust involviert. Von viel größerer Bedeutung ist, was in uns als das nächste Ergebnis unserer niemals perfekten und immer voreingenommen Entscheidungen hervorgerufen wird.«

40. Ladislaus Boros: *Mysterium mortis: Der Mensch in seiner letzten Entscheidung,* Gesamtausgabe Band 3, mit einer Einführung von Cynthia Bourgeault, Xanten: Chalice Verlag, 2023.

Bruno Barnhart versuchte damit, genau das zu formulieren, was man auf der spirituellen Reise so häufig hört: Unsere Wahl ist entscheidend und auch nicht entscheidend. Wir müssen also unser Bestes geben, uns verantwortlich verhalten; doch gleichzeitig müssen wir uns bewusst sein, dass unsere Wahl ein Sprung ins Dunkle sein wird oder in gewissem Sinn ein Bauernopfer, ein Schachzug nach draußen, und der Kosmos wird auf das reagieren, was wir hin(aus)gegeben haben. So kommt es zu einem reziproken, wechselseitigen Dialog, der aus den Entscheidungen erwächst, die wir treffen. Und daraus entsteht auf der anderen Seite eine Art Lebendigkeit, die in gewissem Sinne durch unsere Entscheidungen das Auftauchen der Person [oder des wahren Selbsts] bestimmt. Im Prinzip ist die einzelne Entscheidung als solche nicht wirklich wichtig, sondern vielmehr die Aufrichtigkeit und Ernsthaftigkeit, mit der wir um eine Entscheidung ringen, also das, was in uns hervorgerufen wird als Antwort auf unser inneres Ringen, und das, was wir als Nächstes tun. Aus all diesen Schritten in dem Prozess des Ringens, aus dieser ganzen Skala an Entscheidungen, beginnt in uns ein Sein aufzutauchen, welches uns erlaubt zu verstehen, dass wir tatsächlich zurückerlangen, was wir dachten, aufgegeben zu haben. So erkennen wir, dass alles gleichzeitig von höchster Wichtigkeit und von herrlichster Unwichtigkeit ist.

Das Herz lebt in seiner eigenen Zeitlichkeit

Frage: Also kommt das auf uns zurück, was wir abgelehnt haben? Was heißt das konkret für unsere einzelnen unbewussten Handlungen, für unser schlechtes Timing und unser Vergessen. Wird dies irgendwie »aufbereitet« und kommt dann als etwas ganz Konkretes zu uns zurück?

Cynthia Bourgeault: Wir müssen das Ganze gelassen betrachten. Diese Art wundervoller Fragen kann ein ganzes

Leben des Nachdenkens und des Wachsens eröffnen. Den Schlüssel zu diesem Koan finden wir in Blaise Pascals berühmtem Ausspruch: »Das Herz hat seine Gründe, die der Verstand nicht kennt.« Ich denke, dass das Herz eine Absicht trägt, die nicht unser Streben nach Gott ist, sondern Gottes Streben nach dem Leben, das sich in uns, durch uns und als uns manifestiert. Einige Dinge in uns sind wirklich tief und gleichbleibend, und selbst wenn wir alles daransetzen, sie zu verleugnen oder aufzugeben, verschwinden sie dennoch nicht. Und zwar manchmal nicht deshalb, weil wir uns noch immer an sie klammern und an ihnen hängen, sondern weil sie einfach nicht weichen.

Bei Löwenhjelm stellte es sich so dar, dass er an diese junge Frau, die er einst in zarter Rohheit verlassen hatte, nicht besonders viele Gedanken verschwendete, damit der Trennungsschmerz schnell heilen sollte. Als er aber fünfunddreißig Jahre später zurückkehrt, ist es, als ob er nie weggegangen sei. Denn das Herz lebt in seiner eigenen Zeitlichkeit. Ich glaube, dies war es, woran er in seiner Tischrede im Speziellen dachte. Er rät uns, sich mit Entscheidungen nicht allzu sehr zu quälen, einfach weil unser Herz als das geheimnisvolle Geschenk Gottes in gewisser Weise jenseits unserer Wahl und unserer Entscheidungen liegt. Es wird tun, was es tut. Und was dazu bestimmt ist, in unserem Leben zu sein, wird Wege finden, darin zu sein – manchmal geschieht dies noch nicht einmal physisch.

Ich erinnere mich an ein wundervolles, kurzes Gedicht von William Butler Yeats:

Andere wurden, da du nicht hieltest
Jenen tief geschwornen Schwur, mir Freunde.
Doch stets im Angesicht des Todes,
Wenn des Schlafes Höhen ich erklimm',
Oder der Wein meinen Geist verzückt,
Sehe ich ganz unvermittelt dein Gesicht.[41]

Ich finde, diese Worte treffen es. Wie können wir wissen, welche Gesichter wir sehen werden? Wie können wir wissen, wer in unserem Leben bleibt? Ich möchte euch also aufrufen zu vertrauen, tief zu vertrauen. Ich habe diese Lehre in meinem Kurs-E-Mail unter anderem deshalb mit euch geteilt, weil so viele von uns ihr Leben wie ein Stellwerk einrichten und dann sagen: »Ich habe diese Entscheidung getroffen, und das hat mich dahin gebracht, und dann habe ich jene Entscheidung getroffen…« Und dann leiden sie darunter, den scheinbar ureigenen Kurs verloren zu haben, den sie doch eigentlich hatten einschlagen wollen. Die meisten von uns, die vierzig Jahre oder älter sind, haben eine Menge dieser Weichenstellungen hinter sich und bei vielen entwickelt sich eine tiefe Art von Gram und Bedauern, weil sie angeblich jene eine falsche Wahl getroffen haben, als sie um die zwanzig Jahre alt waren, weil sich ihr Leben anders entfaltet hätte, wären sie damals doch nur in eine andere Richtung gegangen. Diese Art von Denken führt zu rein gar nichts.

Der große imaginative Trost jedoch lautet: Nein! Dein Leben ist in seiner ganzen Fülle gegenwärtig! In deinem Herzen. In jedem Augenblick. In diesem Augenblick. Genau jetzt. Alles, was wir hätten sein können, alles, was wir waren, all das, was Gott in uns ist, all das, was wir in Gott sind, alles ist genau hier. Der Weg, um wirklich gegenwärtig zu sein und das, was nach Verlust aussieht, loszulassen, besteht darin, in unser Herz zu gelangen. Bringen wir uns in die Gegenwart und erkennen wir, dass alles nicht nur noch immer möglich, sondern auf eine Art und Weise bereits vollendet ist.

41. "Others because you did not keep // That deep sworn vow have been friends of mine; // Yet always when I look death in the face, // When I clamber to the heights of sleep, // Or when I grow excited with wine, // Suddenly I meet your face." Deutsche Übersetzung: Chalice Verlag.

Mitgefühl mit dem Zustand der Menschheit

Frage: Zu Beginn des Kurses sprachen wir darüber, was mystische Hoffnung ist und was sie nicht ist, und vor allem, dass sie bedeutet, sich nicht an ein erwartetes Ergebnis zu klammern und so weiter. Wenn wir diese Art von Hoffnung in die Welt hineintragen wollen, stellt sich das als einigermaßen herausfordernd dar. Die nächste Fragestellerin ist zwar überzeugt davon, dass Hoffnung eine Energie ist und dass, wenn das Gebet der Sammlung praktiziert wird, diese Energie der Welt angeboten wird. Dennoch erlebt sie sich selbst als vollkommen aus dem Gleichgewicht geworfen, wann immer es an unseren Schulen zu diesen Schießereien kommt (ganz besonders vielleicht, weil sie früher als Grundschullehrerin gearbeitet hat). In solchen Momenten, sagt sie, greift sie immer wieder auf die Willkommensübung zurück,[42] um ihre Gefühle anzuerkennen und loszulassen, die sie jeweils so stark aus dem Gleichgewicht werfen. Was kann man tun, um stabil zu bleiben angesichts solch überwältigendem Schmerz, sei es im Zusammenhang mit dieser Schusswaffengewalt oder im Kontext all der anderen schrecklichen Geschehnisse unserer Zeit?

Cynthia Bourgeault: Auch das ist eine tiefgehende Frage. Ich möchte hier folgenden Rat erteilen: Wenn du diesen schwierigen Weg – Hoffnung in die Welt zu tragen – wirklich gehen willst, solltest du zuhause zwei Symbolfiguren be-

42. Hierbei handelt es sich um eine Übung, die in den späten 1980er-Jahren von einer der engsten Mitarbeiterinnen von Thomas Keating entwickelt wurde und seither in der Bewegung des Gebets der Sammlung unter verschiedenen Namen gelehrt wird, als »Übung des offenen Geistes und offenen Herzens«, als »Übung des Begrüßens« oder als »Willkommensgebet«. Beschreibungen der Übung finden sich in Cynthia Bourgeault: *Das Herz im Gebet der Sammlung,* Seiten 104–106, und *Jesus: Meister der Weisheit,* Seiten 202–215.

sitzen: eine (wenn möglich nicht allzu dramatische oder hysterische) Darstellung der Pietà, also der Mutter Gottes, die den Leichnam ihres Sohnes auf dem Schoß hält, nachdem er vom Kreuz genommen wurde, und eine Darstellung der Sphinx.[43] In beiden dieser Symbole ist eine ganz besondere Qualität zu erkennen, die man vielleicht als »objektive Dämpfung« bezeichnen könnte und die dein Herz nicht verhärtet, sondern es zum Fundament der Erde bringt. Was hierbei so wichtig ist, ist dieses Mitleid oder Erbarmen (*la pitié,* wie die Franzosen sagen), dieses Mitgefühl mit dem Zustand der Menschheit, mit der universalen Traurigkeit, mit dem, was im Herzen einer Mutter hervorgerufen wird, deren Sohn von einem blutrünstigen Mob derart unfassbar unbarmherzig aufgeknüpft wurde – und es auszuhalten.

Was ich im Folgenden sagen werde, ist tatsächlich hart, und ich möchte euch bitten, wirklich gut zuzuhören, um zu verstehen, von welchem Ort aus ich spreche. Ein Großteil unserer kulturellen Konditionierung in jüngster Zeit hat uns wesentlich dünnhäutiger, verletzlicher und sentimentaler werden lassen. Wenn uns diese Wellen des Leids überrollen, etwa bei den Nachrichten von diesen Schießereien an unseren Schulen, dann haben wir nichts in uns, was dies zu ertragen vermag. Doch es muss etwas in uns geben, das diesem Leid gewachsen ist, falls jemals irgendetwas geschehen soll, ohne dass wir dieser Raserei verfallen. Das ist Christus am

43. Gurdjieff beschreibt die Bedeutung des Symbols der Sphinx in seiner typischen enigmatischen Ausdrucksweise folgendermaßen: »Dadurch wird ausgedrückt, dass bei all unserem von unserem eigenen Bewusstsein hervorgerufenen inneren und äußeren Funktionieren eine solche Liebe immer und in allem vorherrschen sollte, wie sie nur im Bestande solcher Verdichtungen [das heißt in Körper, Gefühl und Verstand] entstehen und vorhanden sein kann, die sich an den gesetzmäßigen Teilen jedes verantwortlichen Wesens bilden, auf dem die Hoffnungen unseres gemeinsamen Vaters beruhen« (siehe GEORGES IWANOWITSCH GURDJIEFF: *Beelzebus Erzählungen für seinen Enkel,* Band 1, Basel: Sphinx Verlag, 1981, Seite 331) [A.d.Ü.].

Kreuz. Das ist die Höllenfahrt Christi. Wir müssen lernen, in dieser Gegenwart zu sein und es einfach zu ertragen, es zu halten, es im Namen Gottes, im Namen des Leids unseres gemeinsamen Vaters zu halten. Wir müssen einsehen, dass wir zu diesem Zeitpunkt verdammt nochmal nichts tun können.

Irgendwann wird das Spiel einen anderen Verlauf nehmen, und wenn dies geschieht, werden wir äußerst auf der Hut sein müssen, um den erforderlichen Schwenk zu machen. Aber gerade jetzt steckt dieses Amerika in dieser Pathologie der Schusswaffengewalt gefangen, und deren Wurzeln reichen so tief und sind so sehr in unserer Kultur verankert, in unserer Ichbezogenheit, unserer Selbstsucht, in der Art und Weise, wie wir Bildung vermitteln, wie wir kommunizieren – all diese Sachen, wie diese Dinge laufen, das ist ein derartiges Schlamassel, wenn man es analysiert. Nur auf der Ebene des imaginativen Ertragens werden wir fähig sein, das Spielfeld umzugestalten, sodass etwas Neues entstehen kann. Irgendwann wird es geschehen. Bis dahin dürfen wir es nicht zulassen, dass unsere Herzen sich verhärten, aber auch nicht, dass sie im Angesicht dieser großen Tragödie zerstört werden. Denn es ist unser Herz, aus dem die Tiefen unserer Humanität hervorgerufen werden, und zwar auf eine kaum erträgliche Art und Weise. Dazu ist die spirituelle Arbeit da.

Über den Tod nachzudenken, hat nichts mit Morbidität zu tun

Frage: Können wir zu einer tieferen Art von Hoffnung gelangen, indem wir über die Fragilität und Kürze des Lebens nachdenken? Hat dies mit dem »Halten« zu tun, über das du gesprochen hast?

Cynthia Bourgeault: Genau das ist es, wofür die Wüstenväter und -mütter eintraten. Sie rieten dazu, sich zurückzuziehen und über die Stunde, den Moment des eigenen Todes nachzudenken. Und das hat nichts mit Morbidität zu tun. Es soll uns Fahrt aufnehmen lassen darin, das Leben und den Tod zu halten, die Geburt und den Tod, diese Gegensätze, von einem tieferen Ort her zusammenzuhalten. Und es entledigt uns von einer Menge Zeugs, mit dem wir uns selbst ablenken. Also ja, dies ist ein sehr guter Weg und es ist genau der Grund, warum wir es tun sollten. So werden große Perspektiven erzeugt.

Frage: Kann das Leiden auch zu einem Besuch und einer Liebkosung Gottes werden? Ich glaube, Teilhard de Chardin hat das gesagt. Und vor dem Hintergrund dieser Frage: Wir nähern uns Ostern, und so sollten wir auch, vielleicht nur kurz, die Sühnopfertheologie zur Sprache bringen. Ich persönlich muss sagen, dass ich eine echte Erscheinung hatte, als ich über dein Verständnis von Jesus am Kreuz als dem Spender dieser bedingungslosen Liebe las. Ich hatte immer große Mühe mit Kreuzen. Ich konnte lange Zeit überhaupt nicht nachvollziehen, dass jemand ein Kreuz zuhause oder an der Gebetskette haben wollte, welches die Verfolgung durch die Römer, das Leiden, diesen furchtbaren Tod und all das symbolisierte. Und dann schaute ich auf einen meiner Rosenkränze, und da hing Jesus am Kreuz und ich dachte mir: Oh, er tut ja etwas ganz anderes – für mich! Und mir wurde klar, dass ich es hier, in dem, was du dazu geschrieben hast, mit einem wundervollen Neuentwurf dieses Verständnisses zu tun hatte. Dafür möchte ich dir so sehr danken. Aber zurück zu den Fragen: Jemand spricht die stellvertretende Liebe an, die Sühnopfertheologie und so weiter und die Möglichkeit einer sanfteren Annäherung als die in dem Bild eines zornigen Gottes, Der ein menschliches Opfer fordert. Möchtest du dazu vielleicht noch etwas sagen?

Cynthia Bourgeault: Der größte Teil der fortschrittlichen christlichen Theologie ist noch immer das, was ich als »sanfte Sühnopfertheologie« bezeichnen würde. Ich sage dies, auf meine übliche ungeschminkte Art, aus dem Grund, weil eigentlich in der ganzen klassischen Theologie, aus der die Sühnopfertheologie hervorging, den Menschen der Vorwurf gemacht wurde, dass durch sie die Sünde in die Welt kam. Gott konnte die Sünde unmöglich eingeführt haben; es muss der menschliche Ungehorsam gewesen sein.

Das Auftauchen von etwas aus dem Nichts hat seinen Preis

Es gab nur ein paar wenige Mystiker, die darüber hinausgegangen sind, die das verneint haben und – wiederum in jener Haltung des tiefen Aushaltens und Ertragens, über die wir soeben sprachen – gesagt haben: Das Entstehen kostet etwas; das Auftauchen von etwas aus dem Nichts hat seinen Preis. Jakob Böhme, den ich überaus schätze und der ein wirklicher Mystiker war, mein Lieblingsmystiker aus dem siebzehnten Jahrhundert, dieser Schuhmacher mit seinen wilden Visionen sah sehr deutlich, dass diese »endlose Einheit«, wie er es nannte, Gott in unmanifestierter Form, arbeiten musste, um Sich selbst in Besonderheit und Unterscheidbarkeit zu bringen. Dazu musste etwas verdichtet, zusammengepresst werden. Böhme sah eine Kompression des göttlichen Willens in das Verlangen, in die Sehnsucht. Man kann es sich wie einen Strudel Wasser mit einer Saugwirkung vorstellen, wodurch im Kern der Schöpfung eine Bewegung ausgelöst und die ganze Sache in Stellung gebracht wurde.[44] Und er sah ebenfalls sehr deutlich, dass man den Sündenfall nicht einfach dem Menschen aufbürden kann. Und hier kommen wir zum Leiden Gottes und zur großen Vorstellung des absichtlichen Leidens. Denn wir alle tragen die Last, die Last des Geheimnisses, dass überhaupt etwas existieren kann. Und Gott trägt genauso schwer daran, wie wir es tun.

44. Siehe dazu Cynthia Bourgeault: *Die Heilige Dreifaltigkeit und das Gesetz der Drei.*

Würden die Leute es auf diese Art verstehen, verschwände die Sühnopfertheologie augenblicklich. Denn der größte Teil dieser Theologie, egal ob »streng« oder »sanft«, basiert auf der Theorie, dass der Mensch die Schuld trage. Tatsächlich muss aber der Preis bezahlt werden. Der einzige Unterschied ist der, dass Gott gemäß der strengen Theologie zornig ist und gemäß der sanften milder und mitleidsvoller – ähnlich wie in einem Theaterstück mit einem Good-cop-Vater und einem Bad-cop-Vater. Wenn wir zu verstehen beginnen, dass die Kosten, die es zu bezahlen gilt, damit die Liebe vollendet werden kann, gleichermaßen von Gott wie von der Schöpfung getragen werden müssen und dass Jesus als die Brücke kommt (er nimmt das andere Ende auf und hält es, um den Bund zu besiegeln), dann lassen wir die Sühnopfertheologie in all ihren Varianten hinter uns und haben ganz einfach Mitgefühl angesichts des immensen Kummers unseres gemeinsamen Vaters und des Geschenks der Liebe, die alles überhaupt erst möglich macht.

Frage: Nun zu einer Praxisfrage, und zwar zur »Atmosphärenübung«. In dem Zusammenhang hast du vom Kontakt zu dem kleinen Goldkern, also zu unserer Essenz oder unserem Wesenskern, gesprochen. Wie lässt sich dieser Kontakt während des Tages praktizieren, ohne das zu unterbrechen, was man gerade tut, ohne sich hinzusetzen und reflektieren zu müssen? Wie lässt sich dieser Kontakt zum eigenen Kern während des ganzen Tages aufrechterhalten?

Cynthia Bourgeault: Dies sind eigentlich zwei Fragen. Um mit diesem Kern in Berührung zu kommen und das Innere des Selbsts zu spüren, unsere eigene Essenz zu berühren, sozusagen aus der Sicht Gottes, braucht es das Einüben eines sehr subtilen Empfindens. Wenn wir eine innere Feinheit entwickelt haben und fähiger geworden sind, wirklich wahrzunehmen, zu erkennen und in der Strömung des Lebens, das durch das Sein fließt, zu schwelgen und darin Vergnügen zu finden, wird es möglich, einen direkten Geschmack von der eigenen Essenz zu erhalten. Es lässt sich nicht richtig in Worte fassen, doch tatsächlich können wir uns selbst schmecken, wie Gott uns schmeckt, was wirklich erstaunlich ist.

Allerdings beschreibt dies nicht die übliche Anwendung der Atmosphärenübung. Es ist nicht so, dass wir zuerst diesen kleinen Kern unseres Selbsts finden müssen, bevor wir die Übung praktizieren können. Ich würde dringend empfehlen, die ganze Geschichte sehr locker anzugehen, dann wird sich der Rest schon von selbst finden.

Occupy Hope!

Frage: Welches deiner Bücher, Cynthia, deckt am weitgehendsten die Themen ab, mit denen wir in diesem Kurs unterwegs waren? Sicherlich wäre da dein Buch *Mystische Hoffnung* zu nennen, aber vielleicht ist auch eines deiner jüngeren Bücher, zum Beispiel *Das Auge des Herzens* zu empfehlen?

Cynthia Bourgeault: Das hängt von der Person und deren Ausgangspunkt ab. *Das Auge des Herzens* widmet sich stärker als meine anderen Bücher der »Technik«, und für jene, die an den verschiedenen Welten und ihren inneren Nahtstellen und dergleichen interessiert sind, ist es ein empfehlenswertes Buch. Falls sich die Fragen auf diese Gesichtspunkte beziehen, findet man darin Hinweise und Antworten. Anderen Menschen wiederum könnte dieses Buch eher missfallen. Man muss diese Fragen nämlich nicht unbedingt mithilfe innerer Theologie darlegen, wie ich es im *Auge des Herzens* getan habe. Im Buch *Das Herz im Gebet der Sammlung*, insbesondere im sehr umfassenden zweiten Teil »Der Weg des Herzens« [Seiten 55–131], findet sich eine Menge zum Thema mystische Hoffnung, ohne dass sie also solche ausdrücklich erwähnt wird. Das wäre ein guter Startpunkt zu diesem

Thema. Das Buch *Jesus: Meister der Weisheit* ist und bleibt ebenfalls ein hilfreiches Buch, auch wenn es so scheinen mag, als sei es für jedwede Leserschaft geschrieben. Es handelt nicht so explizit von den inneren Lehren, dass Menschen sich davon abgestoßen fühlen könnten, und es werden darin entschieden neue Betrachtungsweisen aufgezeigt, die im Zusammenhang stehen mit der größeren Tradition der inneren Transformation.

Frage: Eine letzte Frage betrifft das Konzept des »Hoffnungmachens«. Vielleicht ist dies einer der wichtigsten Verbindungspunkte: Wie wir vor dem Hintergrund dieser ganzen Ideen, dieser Begriffe und dieser wunderbaren Reflexionen schließlich hinausgehen in die Welt, sie betrachten und mit ihr im Austausch stehen. Es wäre schön, wenn du also noch ein paar Worte dazu sagen könntest, wie wir es anstellen sollen, nicht nur über die Hoffnung nachzudenken, sondern sie auch zu »schaffen«.

Cynthia Bourgeault: Vielleicht sollten wir uns irgendwo T-Shirts machen lassen mit dem Aufdruck »Occupy Hope!«. All die Übungen, mit denen wir uns in diesem Kurs beschäftigt haben, sind darauf angelegt, Hoffnung zu machen. Und ich muss sagen, ich habe noch keinen Online-Kurs erlebt, der so geprägt war von harmonischer Konsistenz und in dem die Teilnehmer und Teilnehmerinnen so schnell in die Tat umsetzten, was sie verstanden haben. Wir haben also tatsächlich Hoffnung gemacht. Ich möchte hier an die mit uns geteilten persönlichen Erfahrungen von euch allen erinnern, die beispielhaft von der Schönheit der menschlichen Verbundenheit erzählt haben. Also befinden wir uns bereits in dem Prozess, Hoffnung zu erschaffen. Es sind diese kleinen einfachen Geschichten aus dem Leben, die auf ihre Art eher Unübliches beschreiben, aber etwas höchst Geheimnisvolles in sich tragen, das in die Gegenrichtung dessen verläuft, wohin sich unsere harte, empfindungsarme, kalte und angsteinflößende Kultur gerade bewegt.

Über die Autorin

Die US-Amerikanerin Cynthia Bourgeault ist Doktorin der Mediävistik, Priesterin der episkopalen anglikanischen Kirche und hält weltweit Vorträge und Seminare zum Thema des christlichen kontemplativen Pfades. Neben ihrer theologischen Ausbildung studierte sie viele Jahre in einer Gurdjieff-Schule und beschäftigte sich auch intensiv mit dem Sufismus sowie den mystischen Traditionen des Ostens. Sie engagiert sich für den interspirituellen Dialog und ist eine der führenden Lehrerinnen der Praxis des Gebets der Sammlung (oder des zentrierenden Gebets) nach Thomas Keating, Bruno Barnhart und Richard Rohr, mit denen sie jahrelang eng zusammengearbeitet hat.

www.cynthiabourgeault.org

Der Chalice Verlag widmet sich
der Publikation von wertvollen Texten
aus verschiedenen spirituellen Traditionen

Unser gesamtes aktuelles Verlagsprogramm sowie
weiterführende Textbeiträge, Audioaufnahmen und Videos
finden Sie auf unserer Webseite

chalice.de

Wie Sie unsere Arbeit unterstützen können

Gute Bücher mit anspruchsvoller Literatur zu machen,
ist heutzutage ein steiniges Unterfangen, besonders
für kleine Verlage, die knappe finanzielle Mittel
mit umso mehr Herzblut wettmachen müssen.
Wir sind ein nicht-profitorientierter Kleinverlag,
arbeiten für weniger als ein Taschengeld und reinvestieren
alle unsere Erträge in neue Buchprojekte

Wenn Sie den Chalice Verlag unterstützen möchten,
freuen wir uns natürlich über jeden Kauf und
jede Weiterempfehlung der von uns verlegten Bücher.
Falls Sie uns eine Zuwendung zukommen lassen möchten,
die uns neue Buchprojekte ermöglichen hilft und
unsere Verlagsarbeit fördert, danken wir Ihnen
von Herzen

Unsere Bankverbindung:
Iban-Nr. DE89 3545 0000 1150 0050 54
Unser PayPal-Konto: kontakt@chalice-verlag.com

Chalice Verlag

Wenn Sie all das, was Sie über Jesus zu wissen *glauben,* beiseitelegen und die Evangelien lesen, als wäre es das erste Mal, geschieht Bemerkenswertes: Jesus begegnet Ihnen als ein Meister der Weisheit, der eine Transformation von Herz und Bewusstsein lehrt, welche die Kraft hat, unser Leben vollständig zu verwandeln. Cynthia Bourgeault, die episkopale anglikanische Priesterin und Kontemplationslehrerin, bietet eine mystisch inspirierte und wissenschaftlich fundierte Neubetrachtung der Frohen Botschaft Christi: eine exzellente Auslegung der glänzenden Vision des Jesus von Nazareth, die mutig aufräumt mit den überkommenen Dogmen einer patriarchalischen und paternalistischen Theologie und die innere Bedeutung der christlichen Mysterien frisch und intelligent beleuchtet. Unter Einbezug der jüngsten Erkenntnisse der Bibelforschung, neuer Quellen wie der Evangelien des Thomas und der Maria Magdalena sowie von spirituellen Einsichten auch aus anderen Weisheitstraditionen erklärt die Autorin mit viel Esprit und einer guten Prise Humor, wie wir die Worte und Gleichnisse Jesu über den Verstand in unser Herz bringen und sie in unserem Alltagsleben aufblühen lassen können. In einem großen Praxisteil gibt sie zusätzlich wertvolle Anleitungen aus ihrer jahrelangen Erfahrung mit Übungen wie dem zentrierenden Gebet oder dem Gebet der Sammlung, der Textmeditation der *lectio Divina* sowie der »Willkommensübung« und dem Chanten oder Singen von heiligen Texten wie den Psalmen.

ISBN 978-3-942914-44-4
260 Seiten

Ist Maria Magdalena die wahre Erbin des spirituellen Vermächtnisses Jesu? Könnte »die Erste unter den Jüngern« uns den Weg weisen zu einer neuen Vision für ein Christentum im einundzwanzigsten Jahrhundert? Cynthia Bourgeault legt hier eine scharfsinnige Analyse und provokante Synthese der neuesten Erkenntnisse und wiederentdeckten Quellenmaterialien zur Figur und Wirkung der »Apostelin der Apostel« vor. Allzu enge feministische Blickwinkel erweiternd, formuliert die Autorin die wirkliche Frohe Botschaft des Weisheitschristentums neu und verständlich. Befreit vom jahrhundertealten Staub eines patriarchalisch-orthodoxen, frauenfeindlichen Narrativs, lernen wir durch Maria Magdalena die Lehren Jesu in neuem Licht als einen Pfad der bewussten Liebe kennen. Aus den drei »gnostischen« Evangelien des Thomas, des Philippus und der Maria eröffnet uns das Buch neue, erhellende Einsichten in zentrale Aspekte wie das österliche Mysterium um die Auferstehung, die Bedeutung und das Potenzial eines Sakraments der Salbung, die Problematik eines falsch verstandenen Zölibats bei der spirituellen Transformation des Eros oder die non-duale Wahrnehmung der Wirklichkeit durch unser Auge des Herzens. Für traditionsverhaftete Kirchengläubige mag die alles integrierende Weisheit von Jesus und Maria Magdalena eine Herausforderung darstellen, für spirituell hungernde »Christen mit gebrochenem Herzen« ist sie eine Offenbarung.

ISBN 978-3-942914-53-6
328 Seiten

Was geschieht mit uns, wenn wir sterben? Was bedeutet der Tod für eine Partnerschaft? Dieses aufwühlende Buch erzählt die wahre Geschichte einer außergewöhnlichen Beziehung zwischen einer anglikanischen Priesterin und einem Trappisten-Einsiedlermönch und wie aus ihrer bewussten Liebe eine gemeinsame »vermögendere Seele« erwächst, die zur spirituellen Entwicklung beider beiträgt und es schließlich sogar vermag, die Schwelle des Todes zu überwinden. Mit berührender Offenheit und geistiger Brillanz legt die Autorin ihre profunden Einsichten dar in die großen Menschheitsfragen zu Liebe und Partnerschaft, Altern und Sterben, Tod und Auferstehung. »Wenn wir die ewige Gemeinschaft finden wollen, dürfen wir uns nicht davor fürchten, uns hinauszuwagen auf das dunkle, schwarze Meer dessen, was ein unbeschreibliches Fehlen zu sein scheint«, appelliert sie an unseren Mut zur Selbsterkenntnis. Dabei hinterfragt sie die teils unstimmigen, teils einschläfernden Antworten der Sonntagsschultheologie mit einem Weckruf, der auf den überraschenden inneren Lehren basiert, wie sie in der christlichen Tradition von Jakob Böhme, G.I. Gurdjieff, Boris Mouravieff oder Ladislaus Boros vertreten werden, und lässt auch ihre »metaphysischen« Lieblingspoeten T.S. Eliot, John Donne, Rainer Maria Rilke und William Shakespeare zu Wort kommen. »Der Tod eines Geliebten bedeutet nicht das Ende einer Beziehung, sondern einfach eine neue und subtilere Phase des Miteinandergehens.«

ISBN 978-3-942914-55-0

232Seiten

Das Gebet der Sammlung (oder das Zentrierende Gebet) ist eine authentische christliche Kontemplations- und Meditationspraxis, die es uns erlaubt, durch das Loslassen unserer Gedanken in der tiefsten inneren Stille unseres Herzens die Gegenwart Gottes und unser Einssein mit der ganzen Schöpfung zu erfahren. Dieses Buch bietet einen sorgfältigen Einführungskurs in diese faszinierende Übung, die in den 1970er-Jahren von einer Gruppe von Mönchen rund um den US-amerikanischen Trappisten Thomas Keating entwickelt wurde und heute von Hunderttausenden in aller Welt praktiziert wird. Die episkopale Priesterin, Theologin und Mystikerin Cynthia Bourgeault ist eine direkte Schülerin Keatings und lehrt die christliche Kontemplation und das Gebet der Sammlung seit vierzig Jahren. Im ersten Teil dieses Buches gibt sie kostbare Praxistipps für den Einstieg und die Vertiefung in die Übung. Der zweite Teil beleuchtet die Bedeutung des Herzens als Zentralorgan der spirituellen Wahrnehmung aus dem Blickwinkel der christlichen mystischen Traditionen sowie die jüngsten Erkenntnisse der Neurowissenschaften über die förderlichen Aspekte einer Resonanz von Gehirn- und Herzaktivität. Im dritten Teil nimmt uns die Autorin mit auf eine fesselnde Entdeckungsreise durch den mittelalterlichen Kontemplationsklassiker *Wolke des Nichtwissens,* der ältesten Quelle des Gebets der Sammlung und einer der frühesten christlichen Texte zur Phänomenologie des menschlichen Bewusstseins.

ISBN 978-3-942914-50-5
256 Seiten

»In meines Vaters Haus sind viele Wohnungen.« Eine Entdeckungsreise durch alle Reiche der Schöpfung, von denen jedes eine besondere Aufgabe im Prozess der Selbsterkenntnis Gottes hat. Zentral ist dabei jener Ort, »wo sich die beiden Meere treffen«: die Welt des Imaginativen zwischen dem Sichtbaren und dem Unsichtbaren, wo sich ein wunderbarer Austausch abspielt. Um dem Sinn unseres Daseins und unserer Verantwortung – als Individuen und als Gemeinschaft – im Rahmen der Evolution gerecht zu werden, müssen wir die Funktion des imaginativen Reichs als Teil der Wirklichkeit verstehen lernen. Das Organ, das uns dazu befähigt, ist das menschliche Herz, dessen Spiegel wir durch die Läuterung unseres Lebenswandels polieren. Und das Gefährt, das uns über diese imaginative Wasserscheide hinaustragen kann, ist die menschliche Seele, die wir uns in diesem irdischen Leben erarbeiten und kräftigen müssen. Auf Basis von non-dualem metaphysischem Kartenmaterial (aus Christentum, Sufismus und den Lehren Gurdjieffs, Teilhard de Chardins und Ken Wilbers) erläutert die Autorin das Wesen des Imaginativen, das mit dem Auge des Herzens gut sichtbar und den mystischen Traditionen bestens vertraut ist. Dabei zeigt sie auf, wie wir unser Herz öffnen und einstimmen können auf die höheren Welten, durch die sich die erhabene Schönheit Gottes ausdrückt in unserer kostbaren Besonderheit als menschliche Individuen wie auch in unserer gegenseitigen Verbundenheit.

ISBN 978-3-942914-48-2
228 Seiten

Ein weises Wort besagt: Die dunkelste Stunde liegt kurz vor der Morgendämmerung. Ebenso wissen wir: Alles Leben beginnt im Dunkel. Warum also fürchten wir die Dunkelheit und versuchen so angestrengt, sie zu meiden? Könnte es sein, dass wir große Möglichkeiten vertun, wenn wir den dunklen Aspekten und Phasen unseres Lebens um jeden Preis zu entfliehen versuchen? Noch bevor Licht war, war Gott. Tatsächlich erschuf Er alles – das Universum, die Welt und uns als Sein Abbild, Sein Gleichnis und Seinen Atem – aus der tiefsten Dunkelheit heraus. In diesem geistreichen und ermutigenden Buch untersucht der Mystiker, Priester, Theologe und Psychologe Paul Coutinho, weshalb selbst gläubige Menschen sich vor Zeiten des Dunkels, des Schmerzes, der Veränderung und des Sterbens fürchten, wo wir doch alle wissen müssten, dass ohne Dunkelheit auch kein Licht auf unseren Lebensweg fallen und uns nach Hause leiten könnte. Mit seinem undogmatischen östlichen Blick auf eine gelebte christliche Spiritualität und anhand eindrücklicher Geschichten aus seiner eigenen Lebens- und Berufserfahrung in Indien und den USA zeigt uns der Autor, wie wir unsere Angst vor diesem Dunkel überwinden und gestärkt aus persönlichen Krisen hervorgehen können. Indem wir die wichtige Rolle der Dunkelheit auf unserer spirituellen Reise verstehen lernen, vermögen wir die Göttliche Liebe an Orten und zu Zeiten zu erfahren, wo wir sie am wenigsten vermuten.

ISBN 978-3-942914-25-3
148 Seiten

WEITERE TITEL IM CHALICE VERLAG

Ladislaus Boros

Mysterium mortis
Der Mensch in der letzten Entscheidung
Mit einer Einführung von
Cynthia Bourgeault

Erlöstes Dasein
Theologische Betrachtungen

Phasen des Lebens

Gesamtausgabe Band 3

Chalice Verlag

Band 3 unserer elfbändigen Gesamtausgabe des Theologen und Philosophen Ladislaus Boros enthält dessen berühmtestes Werk, *Mysterium mortis: Der Mensch in der letzten Entscheidung,* mit einer längeren kommentierenden Einführung von Cynthia Bourgeault, sowie seine beiden Einzeltitel *Erlöstes Dasein: Theologische Betrachtungen* und *Phasen des Lebens.*

»Der Sinn der Hypothese, welche zu begründen wir in *Mysterium mortis* versuchen werden, lautet: Im Tod eröffnet sich die Möglichkeit zum ersten vollpersonalen Akt des Menschen; somit ist der Tod der seinsmäßig bevorzugte Ort des Bewusstwerdens, der Freiheit, der Gottbegegnung und der Entscheidung über das ewige Schicksal. [...] Der Tod ist die Stelle der totalen Intuition. Eine mächtige Schau der Wirklichkeit erwächst im Tode. [...] Gleichzeitig fällt die durch die zukunftsgerichtete Aufmerksamkeit erzeugte Trennungslinie zwischen Gegenwart und Vergangenheit dahin und der Mensch steht da als reine Dauer, in der Fülle des ganzen Lebens. Die Vergangenheit, die unbeweglich und gleichsam nur vereist in ihm vorhanden war, erwärmt sich und lebt auf. Dies ist die Geburt des Geistes zu seiner Weltinnewerdung und zu seiner eigenen Totalität. So entsteht das Universum in seiner vollen Gestalt im Akt des Todes und der Mensch wird seines eigenen ungeteilten Lebens inne. Aus seinem nun ganzheitlich gesetzten Wesen heraus vermag er jetzt, und erst jetzt, seine ganzheitliche Entscheidung zu treffen.«

ISBN 978-3-942914-73-4
380 Seiten

»Dieses Buch ist die Geschichte einer Liebe – einer Liebe, die sich dem Tod stellt. Zu wissen und zu akzeptieren, dass unser Körper stirbt, dass dies die einzige Zeit ist, die wir haben, ist die mächtigste Waffe, die wir jemals besitzen können. Mit diesem Wissen kann für uns ein leidenschaftliches Leben beginnen, in dem wir keinen Augenblick der kostbaren Zeit mehr vergeuden, die uns zugeteilt ist, und uns dankbar in die Unmittelbarkeit des Lebens stürzen. Wir arbeiten jetzt für die Zukunft der Menschheit, und wenn wir wissen, dass wir geliebt sind, wird die Zeit auf unserer Seite sein.« Diese Fortsetzung der Autobiografie *Die letzte Schranke* ist ein faszinierender Bericht über die Suche nach der wahren Bedeutung des Lebens, eine spannende Reise in die Wirklichkeit und eine bewegende Liebesgeschichte. Nach seiner Rückkehr aus der Türkei und der Welt des Sufismus trifft Reshad Feild in England auf Menschen, die ihm auf seinem Weg der Transformation weiterhelfen und ihn tiefer in das Geheimnis des Atems einführen. Da ist Elizabeth, in strengem Tweed-Kostüm und »vernünftigen« britischen Schuhen, die sich als profunde Lehrerin herausstellt. Da ist die schöne, rätselhafte Nur, in die sich Reshad Hals über Kopf verliebt. Und da ist John, der weise Mystiker in Wales, der an Krebs stirbt und den beiden eindrucksvoll zeigt, wie ein wahrer Sufi bewusst loslässt, während er bei jedem Atemzug wach bleibt für die Gegenwart Gottes, an nichts mehr festhaltend außer am Wissen um die Liebe.

ISBN 978-3-942914-12-3
180 Seiten

Inmitten der Wirren des Ersten Weltkriegs und der Russischen Revolution schließen sich die Sängerin und der Komponist Olga und Thomas de Hartmann in Sankt Petersburg dem geheimnisvollen spirituellen Lehrer G. I. Gurdjieff an und weichen ihm siebzehn Jahre lang nicht mehr von der Seite. Nach ihrer abenteuerlichen, als wissenschaftliche Expedition getarnten Flucht aus dem untergehenden Zarenreich gelangt die eingeschworene Gruppe von Wahrheitssuchern über den Kaukasus, die Türkei und Berlin nach Frankreich und bis in die USA. Dabei erdulden die ehemaligen Aristokraten psychische und körperliche Prüfungen, Krankheit, Armut und Hunger, während sie unter der weisen Leitung ihres Meisters an einer Vervollkommnung ihres Wesens arbeiten und mit schier übermenschlicher Kraft nach Selbsterkenntnis streben. Als Vertraute des charismatischen Lebenslehrers sind sie maßgeblich beteiligt am Aufbau von dessen »Institut für die harmonische Entwicklung des Menschen« und an der Entstehung seiner einzigartigen rhythmischen Bewegungen, seiner Herz und Seele berührenden Musik und seiner Schriften. Diese sehr persönlichen Aufzeichnungen ihrer äußeren und inneren Reise als wichtigste frühe Weggefährten Gurdjieffs ergeben ein beeindruckendes Zeitzeugnis und eine äußerst spannende Lektüre, die authentische Einblicke gewährt in außergewöhnliche Lebensgeschichten rund um eine der faszinierendsten und rätselhaftesten Figuren des zwanzigsten Jahrhunderts.

ISBN 978-3-942914-39-0
380 Seiten · 60 Abbildungen